KB071688

무명배우,
**10문장**으로
**영어강사** 되다

한 그루의 나무가 모여 푸른 숲을 이루듯이
청림의 책들은 삶을 풍요롭게 합니다.

인생을 뒤집는 하루 10분 10문장 법칙

# 무명배우,
# 10문장으로
# 영어강사
# 되다

김번영 지음

청림출판

# 영어, 정말 이대로 포기할 건가요?

## 배우가 웬 영어?

저는 배우로 발을 내딛기 이전에는 여느 대한민국 2030 세대와 같이 영어와 떼려야 뗄 수 없는 관계였습니다. 말을 배우고 걸음마를 배우면서 알파벳이 가득 적힌 책과 장난감에 둘러싸여 자랐고, 학교에서 가르치는 영어 교육을 받으며 학창 시절을 보냈어요.

지금도 기억나는 끔찍한 어린 시절 추억이 하나 있습니다. 아침 일곱 시에 잠에서 덜 깬 상태로 미국인과 영어로 대화하는 전화 영어 시간이었어요. 당시 어린 저에게는 그 시간에 일어나는 것도 고문이었는데 낯선 외국인과 영어로 말해야 하는 시간이 너무나 힘들었어요. 그때부터 영어는 괴롭고 무서운 존재로 자리 잡았습니다.

영어와 제대로 부딪친 건 중학교 때 힙합 아티스트가 되겠다는 꿈을 가지고 홀로 캐나다로 떠났을 때입니다. 낯선 이국땅에서 온갖 무시와 편견과 싸우며 영어와 한바탕 전쟁을 치렀죠. 하지만 영어에 제대로 부딪쳐보기 전에 집안 사정으로 중도에 유학을 포기하고 한국으로 되돌아왔습니다. 한국에 오니 고등학교 검정고시, 대입 수능시험이 저를 기다리고 있더군요. 그때 또 외국어 영역이란 이름으로 영어와 만났습니다.

수능이라는 관문을 넘어 힘들게 대학에 들어갔지만, 저는 힘도 의욕도 없는 대학교 1학년 시절을 보냈습니다. '내가 좋아하는 일은 무엇일까?' '내가 잘할 수 있는 일은 무엇일까?' 생각만 했지, 정작 실천해보지도 않고 무기력하게 하루하루를 보냈죠. 그러다가 대한민국의 건장한 청년이라면 마땅히 해야 할 국방의 의무를 통보 받았습니다. 저는 카투사에 지원하고 싶었는데, 카투사에 들어가려면 토익 점수가 필요하다는 사실을 알게 되었죠. 이때 토익이란 녀석을 처음으로 만났습니다. 저는 제가 당연히 카투사에 뽑힐 수 있을 것이라 생각했습니다. 하지만 보기 좋게 토익 700점이 필요한 카투사에서 떨어졌지요. 스스로의 영어 실력을 과하게 믿었던 탓입니다.

제대 후에 군대 안에서 계획했던 쇼핑몰 사업을 시작했지만 1년 만에 빚만 남긴 채 끝나고 말았습니다. 꿈이 사라지자 삶의 목표도 의욕도 잃어버렸죠. 실패와 빚에 짓눌려 앞으로는 무엇을 해야 하나 고민 속에 빠져 우울한 하루하루를 보냈어요. 집, 학교만 왔다 갔다 하며 사람도 만나지 않고 혼자서 영화만 보며 시간을 보냈습니다. 그러다가 로베르토 베니니 감독의 〈인생은 아름다워〉라는 영화를 보고 충격에 빠졌어요. '영화와 연기가 이렇게 사람에게 감동을 줄 수 있구나.' '배우라는 일은 정말 멋진 일이구나.'라고 생각하며 배우가 되고 싶다는 목표가 강하게 뇌리에 박혔어요. 처음에는 '내가 감히?' 싶었지만 '한번 해보자!'라는 마음으로 도전을 결심했어요.

2012년, 결국 저는 배우가 되겠다는 포부를 가지고 부모님께 편지를 쓰고 학교에 휴학계를 냈습니다. 학연도, 지연도, 인맥도 없이 맨땅에 헤딩이었지만 언제나 그러했듯 잃을 게 없었고 더 이상 떨어질 밑바닥도 없었어요. 항상 하고 싶은 것이 있었고 하고 싶은 것을 결국 해낼 수 있다는 자신감이 있었기에 그 무엇도 두렵지 않았죠. 앞으로 닥칠 일들을 생각하면 설레기만 했어요.

하지만 배우의 길은 저의 치기 어린 자신감이 무색해질 만큼 험난했습니다. 운 좋게 첫 오디션에 붙고 드라마에서 단역으로 데뷔하게 되면서 이후 승승장구일 것이라 생각했지만 크나큰 오산이었죠. 계속 오디션에 떨어지며 다음 단계로 나아가지 못하고 제자리에 머물러 있는 자신을 발견할 수밖에 없었어요. 일이 없으니 주머니 속의 돈은 떨어지고 계좌의 잔고는 바닥을 보였죠. 두 달간 매일 연습하고 한 달 동안 공연했던 첫 번째 연극 후 벌었던 수입은 15만 원이었습니다. 첫 단편영화에서는 출연료를 돈이 아닌 피자 쿠폰을 받았던 슬픈 기억도 있네요.

결국 연기를 계속 하기 위해서는 돈을 벌 수 있는 다른 일을 찾아야만 했어요. 전단지 뿌리기, 텔레마케팅, 햄버거 배달, 피자 배달, 박스 접기, 외국인 식당 서빙, 편의점 야간 알바, 대리 운전, 영어 과외 등 안 해본 일이 없었어요.

그렇게 알바 구인 사이트를 헤매다 문득, 내가 남들보다 더 잘할 수 있는 게 뭘까 생각해보니 영어가 떠올랐습니다. 영어 강사를 하면 조금 더 효율적으로 배우 생활을 할 수 있지 않을까 하는 생각에 영어 강사에 도전하게 됐죠. 하지만 그마저도 쉽지 않더군요. 남들처럼 좋은 학벌도 아니고, 고득점의 토익 점수가 있는 것도 아닌 제가 영어 강사나 과외 일 찾기가 수월하지 않은 건 당연한 일이었는지도 모르겠습니다. 그러면서 저의 영어 실력을 적나라하게 깨닫게 되었습니다.

'그동안 나는 영어를 잘한다는 착각에 빠져 살았구나.'

자존심이 상했고 무엇보다 오기가 생겼어요. 우선 '토익 만점'이라는 목표를 세우게 되었습니다. 그때의 영어는 생존을 위한 마지막 희망이었어요.

'영어를 잘해야 내가 이루고 싶은 큰 꿈을 이룰 수 있다.'

영어로 막힘없이 내 생각을 이야기하고 인터뷰하는 꿈, 작품에서 영어로 대사하며 연기하는 꿈, 영어로 외국인의 말을 통역하는 꿈. 그런 꿈들을 버킷리스트에 하나씩 적었어요. 그러자 영어를 잘하고 싶다는 마음, 잘해야겠다는 마음이 샘솟았고 목숨 걸고 영어에 도전했습니다.

연기자의 꿈을 이루기 위해 선택한 영어 공부지만, 저에게는 '인생을 바꾼 고마운 영어'가 되어버렸습니다. 연극 공연과 촬영 중 틈틈이 공부와 시험을 병행해 마침내 1년 6개월 만에 토익 만점과 토익 스피킹 만점을 이뤄냈어요. 독학을 하면서 영어를 더욱 쉽게 습득할 수 있는 10·10·10 법칙, 369 단어 암기법, 십장생 스피킹 등 나만의 비법을 만들었죠. 그 후 영어 학원에서 파트타임 강사를 하거나 영어 과외를 하며 수많은 학생들에게 이 비법을 가르쳤습니다. 학원에서 학생들은 집에 빨리 가기 위해 단순 단어 암기에만 집중하고 있었어요. 저는 학생들에게 왜 단어를 문장으로 외워야 하는지, 왜 단어를 입으로 말하며 외워야 하는지 설득하고 지도했습니다. 제가 개발한 암기법을 따라한 학생들은 전보다 훨씬 더 빠르게 효과적으로 단어를 암기하고 문장에 적용하게 되었습니다. 곧, 효과를 본 아이들과 학부모들 사이에서 입소문이

퍼지기 시작했어요. 저는 그때 내 공부법이 효과가 있음을 확신하게 되었습니다. 점점 입소문이 나기 시작하면서 대치동의 유명한 학원에서도 수업을 하게 되었습니다. 수강생이 늘어나고 시험 적중률도 높아지자, 학원에서는 저에게 억대 연봉을 제안하기도 했어요. 그렇지만 저는 배우의 꿈을 놓을 수가 없었습니다. 내가 정말로 하고 싶은 것은 연기였고 배우의 길이 제 길이라고 믿었기 때문입니다.

영어는 생계뿐만 아니라 배우 생활에도 도움을 주었습니다. 영어를 잘해야 맡을 수 있는 재미교포, 입양아, 영어 강사 역할에 캐스팅 되어 더 많은 영화와 광고에 출연할 수 있는 기회를 얻기도 했습니다. 영어는 저만의 강력한 무기가 된 것입니다.

영어는 제 꿈을 도와주는 원동력입니다. 저는 영어를 통해 인생을 바꾸었습니다. 영어는 생계를 위해 선택한 마지막 수단이었지만 저에게는 오래 전부터 함께 자라온 가깝고도 먼 친구와도 같습니다. 너무 힘들고 괴로워서 치열하게 치고 박고 싸우기도 했지만 그 과정을 통해 영어의 매력에 푹 빠질 수 있었어요.

영어와의 인연은 여기서 끝이 아닙니다. 언어에 있어서 정복이나 완성이란 것은 존재하지 않으니까요. 아마 언어는 죽을 때까지 배우고 익히고 끊임없이 공부해야 하는 대상이겠죠. 하지만 이제 그 과정이 재미있다는 것을 깨달았으니 즐겁게 공부할 수 있을 것

같습니다. 그리고 그 이야기를 여러분과 나누고 싶습니다.

우리 영어에 대해 이야기해볼까요?


## 진짜 영어의 본모습

올해 1월 1일, 당신의 목표는 무엇이었습니까? 영어 공부가 새해 목표 아니었나요? 영어는 늘 새해 목표 1순위입니다. 재작년도, 작년도, 올해도 그랬고 내년, 내후년도 마찬가지겠지요. 다시 말하면 그만큼 이루고 싶지만 성공하지 못하는 허황된 꿈이라는 말이죠. 영어, 잘하고 싶지만 왜 항상 실패할까요?

영어를 배우고 싶고 영어로 말하고 싶어서 영어를 시작한 사람은 거의 없습니다. 학교에 들어가서 국어 받아쓰기에 익숙해질 무렵 혹은 학교 문턱을 넘기 이전부터 알파벳을 배우고 익혔을 것입니다. 하나의 언어로 받아들이기 전에 배워야 하는 '공부'로, 소통의 방법이기 전에 10점을 맞아야 하는 '시험'으로 우리는 영어와 만났습니다.

그래서 우리가 영어에 대해 느끼는 감정은 주로 어려움과 딱딱함입니다. 학교와 사회에서는 영어를 잘해야 한다고 말합니다. 무조건 잘해야 하는 어렵고 딱딱한 영어, 그것이 우리가 영어에 대해 가지고 있는 첫인상입니다.

우리가 오해하고 있던 영어의 본모습은 사실 이렇습니다. 첫째, 영어는 공부이기 전에 언어입니다. 우리는 한국어를 어떻게 배웠나요? 태어나면서 부모님과 가족들로부터 한국어를 계속 들으면서 엄청난 '입력input'을 쌓았고 엄마라는 단어를 시작으로 한 마디, 한 마디 '출력output'하기 시작했습니다. 글 이전에 말로 언어를 배운 것입니다. 하지만 영어의 경우 말보다 글을 먼저 배웠고 학교와 학원에서 시험에 대한 스트레스를 받았기 때문에 힘들고 어려울 수밖에 없습니다. 영어는 공부가 아닌 언어인데 말입니다.

둘째, 영어는 딱딱하지 않고 재미있습니다. 영어 하면 우리는 딱딱하고 고리타분한 영어 학습서를 떠올립니다. 하지만 영어 천재라 불리는 어린 학생들은 자신이 좋아하는 동화책과 소설을 영어로 읽고 영어 애니메이션과 드라마를 보며 재미있게 공부합니다. 동기부여를 지속하기 위해서는 흥미를 잃어버리면 안 됩니다. 영어는 재밌어야 합니다. 자신이 재미있어 하는 영어 취향을 발견하고 흥미를 잃지 않는 것이 중요합니다. 또한 재미 이상의 배움, 모르는 것을 아는 영역으로 바꾸었을 때의 성취감과 희열, 즉 이해하고 알아가는 즐거움을 아는 것도 중요합니다. 모르는 것을 알게 되고 아는 것이 점점 많아질 때 우리는 더욱 재미를 느낄 수 있습니다.

셋째, 영어는 잘해야 되는 것이 아니라 '잘할 수 있는 것'입니다. 이 세상에 그 누구도 처음부터 잘하는 사람은 없습니다. 마린보이 박태환도 발차기부터 시작했고 피겨 여왕 김연아도 스케이트화를 신는 것부터 시작했습니다. 하지만 우리는 영어를 제대로 시작하기도 전에 '잘해야 한다'는 강박관념에 사로잡혀 있습니다. 흔히 수포자(수학을 포기한 자)라는 말을 농담처럼 하며 수학을 못하는 건 창피해하지 않으면서, 영어를 못하는 건 죽기보다 싫어하고 영어로 능숙하게 말하지 못해 망신당하지는 않을까 전전긍긍합니다. 처음부터 잘할 수 없는 것은 당연한 일인데 사회적 편견 때문에 그 미숙함을 받아들이지 못하는 것이죠.

인간이라면 누구나 기본적인 언어 구사 능력을 타고났기 때문에 우리 모두 영어를 잘할 수 있는 가능성과 잠재력을 충분히 가지고 있습니다. 따라서 흥미를 가지고 꾸준히 연습한다면 누구나 영어를 잘할 수 있습니다.

TV 프로그램 〈생활의 달인〉이나 〈영재발굴단〉에 나오는 영재들을 보면 자신이 잘하는 것과 사랑에 빠져있습니다. 사랑에 빠지면 그 생각으로 머릿속이 가득 차고 하루 중 대부분의 시간을 그 대상에 몰입합니다. 실제로 그들이 쏟는 그 절대적 시간만큼 잘하게 되는 것이죠.

영어를 잘하고 싶다면 영어에게 가졌던 오해를 풀고 영어의 진짜 매력을 발견해야 합니다. 그리고 시간을 쏟아야 합니다.

저는 언어 천재도 아니고 머리가 좋지도 않은 평범한 학생이었습니다. 반에서 성적은 항상 중간이었고 무엇 하나 특출한 것도 없었어요. 제가 재능이 있거나 특별한 능력이 있어서 토익 만점, 대치동 영어 강사가 되고 영어를 잘하게 된 게 아닙니다.

저의 원동력은 '꾸준함'이었습니다. 끝까지 포기하지 않고 하루에 문장 10개씩 단 10분이라도 할애해서 꾸준하게 외웠고 미드(미국드라마)와 영화 대사를 10번씩 따라 했어요. 토익 공부를 하다 모르거나 틀린 문제는 오답 노트에 적고 10번씩 입으로 반복하며 외웠습니다. 매일매일 실천하는 꾸준함, 그것이 쌓이고 쌓여 좋은 열매를 맺게 되었습니다.

지금은 별거 아닌 것 같은 사소함이 나중에는 큰 차이를 만듭니다. 지금부터 매일매일 문장 10개를 10분씩, 10번 반복해서 말하고 외워보세요. '겨우 문장 10개? 겨우 10분?'이라는 생각이 들겠지만 작은 것부터 하나하나 몰입하다 보면 자신도 모르게 영어 성장판이 무럭무럭 자라게 될 것입니다.

영어, 포기하지 마세요. 그저 하고 또 하세요. 이번이 내 인생 마지막 영어 도전이라 생각하고 끝까지 해보세요. 하면 된다는 건 장담할 수 없지만, 하면 는다는 건 확실하니까요.

김번영

# CONTENTS

## 2장. 무명배우, 인생 밑바닥에서 영어를 시작하다 ▬

## 3장. 영어 루저를 대치동 영어 강사로 만든 최후의 10문장 암기법 ▬▬▬

# CONTENTS

## 4장. 영어, 인생 걸림돌이 아니라 '돌파구'가 될 수 있다

## 적중률 100% 토익 만점 노하우

# 1장

# 우리 영어랑
# 오해 좀 풀어요

ENGLISH

# 영어 울렁증이란 병은 없다

친구들 참 쉽죠?
쉽다고 생각하면 쉬울 거에요.
-김영만

## 울렁증은 신기루다

나는 아주 심각한 영어 루저, 영어 울렁증 환자였다. 혼자서 말하고 연습할 때는 그렇게 잘만 열리던 입이 외국인들 앞에만 서면 갑자기 얼어붙었다. 자신감도 없어서 아주 작은 소리로 겨우 말하기 일쑤였다. 당연히 외국인들은 내 말을 알아듣지 못하고 답답해했다. 내가 영어를 무서워한 가장 큰 이유는 '번데기 앞에서 주름 잡는 기분'이 들었기 때문이었다. 나보다 영어를 훨씬 잘하는 원어민들이 봤을 때 내가 얼마나 바보 같아 보일까. 그들은 나를 어떻게 평가하고 있을까. 이런 두려움들이 나를 엄습했다.

국민 MC 유재석도 자신이 영어 울렁증을 갖고 있다 말하며 어설픈 영어를 사용해 사람들에게 웃음을 주고 있다. 영어 울렁증은 영어를 사용하거나 원어민 앞에만 서면 긴장하는 버릇을 표현하는 단어이자 병명이다. 물론 실제로 존재하는 병명은 아니다. 문제는 이러한 가상의 병이 영어를 대하는 사람들의 마음속에 불안과 긴장감을 키운다는 것이다.

어릴 때 감기에 걸려 엄마 손을 잡고 동네 병원에 간 적이 있다. 그날 처음으로 주사를 맞았는데 그 공포감에 엉엉 울다 진이 다 빠져버렸다. 그 후로는 "병원 가자."의 'ㅂ'만 들어도 뾰족한 바늘과 의사 선생님의 무시무시한 하얀색 가운이 떠올라 공포심에 바들바들 떨었다. 어린 나에게 '주사 울렁증'이 생겨버린 것이다.

그 울렁증이 사라진 것은 대학교 때였다. 캠퍼스 안에 헌혈 버스가 와서 단체로 헌혈차에 올라탄 적이 있다. 여전히 주사는 공포의 대상이었지만 친구들 앞에서 무서운 내색을 할 수 없었고 좋아하던 여자 친구 앞에서 강하고 멋진 남자로 보이고 싶었다. 무서운 흰 가운을 입고 미소를 보이는 간호사 앞에서 마음속으로 계속 최면을 걸었다. '괜찮아. 잠깐이면 돼. 이거 맞는다고 죽는 거 아니잖아. 창피를 당하느니 주사 맞다 죽는 게 낫지.'라고 계속 되뇌고 있는데 주삿바늘은 이미 내 몸에 들어왔다 빠져나간 뒤였다.

이때 자기최면과 암시를 통해 마음을 바꿔 먹는 것만으로도 고통과 공포가 줄어든다는 걸 체험했다.

배우들에게는 오디션 울렁증, 카메라 울렁증, 무대 울렁증이란 단어들이 숙명처럼 따라다닌다. 카메라 앞에만 서면 잘 외우던 대사도 머리가 하얘져서 생각이 안 나고 무대에만 올라서면 몸에 힘이 들어가고 긴장되는 증세를 말한다. 나 역시도 그런 경험이 있다.

연기를 막 시작하고 오디션이라는 걸 처음 봤을 때, 내 앞의 큰 카메라 렌즈와 나를 날카롭게 쳐다보는 심사위원들의 눈빛에 식은땀이 줄줄 났다. 준비했던 대사는 먼지처럼 날아가고 대나무처럼 뻣뻣하게 서 있던 나는 아기처럼 옹알이만 하다가 오디션장을 나왔던 기억이 있다. 집으로 돌아오면서 실망과 좌절감에 '아, 역시 난 연기에 재능이 없나 봐.'라는 생각만 들었다. '내 주제에 무슨 배우야, 그만하자.'라는 좌절감에 모든 것을 포기하고 싶었다.

이런 나를 일으켜 세운 것은 '처음'이라는 말이었다. 생각해보니, 나는 그날 연기라는 것을 '처음' 해보았다. 배우의 꿈을 꾸며 방 안에서 영화, 드라마 대사만 따라하다가 전문가 앞에서 처음으로 선보인 나의 '첫 연기'였던 것이다. 내가 긴장하고 당황하고 연기를 못하는 것은 당연한 일이었다. 그렇게 생각하니 큰마음 먹고 시작한 도전을 겨우 '처음 한 번'으로 포기하고 싶지 않았다.

배우 오정세는 카메라 울렁증이 매우 심했다고 한다. 열심히 준비했지만 오디션을 잘 보지 못해서 계속 떨어졌다. 그때 그는 "열 번 오디션을 봐서 아홉 번은 망하고 한 번만 잘 본다면 백 번의 오디션을 보면 된다. 그러면 백 번 중에 열 번은 잘할 거니까."라고 다짐했다고 한다. 그렇게 오디션 보는 횟수를 늘리다 보니 울렁증은 자연스럽게 사라졌고 오늘날의 영화배우 오정세가 될 수 있었다.

각 분야에서 성공한 인물들이 처음부터 지금의 실력을 가지고 있었던 것은 아니다. 비록 첫 시작은 어설프고 미약했지만 꿈과 성공을 향해 한 걸음, 한 걸음 나아가면서 발전하고 성장하여 오늘날 정상의 위치에 도달한 것이다. 울렁증이란 병은 없다. 울렁증은 우리의 두려움이 만들어낸 신기루에 불과하다.

자신에게 '영어 울렁증'이 있다고 말하는 사람들의 대부분은 영어로 망신을 당하거나 부끄러움을 느낀 경험이 있다. 그 상황을 머릿속으로 계속 생각하면서 실제로 영어를 잘할 수 있는 자신의 잠재력을 차단시키고 환상 속에서만 존재하는 '영어 울렁증'이라는 병이 자리 잡게 만든 것이다.

자신을 음치라고 생각하는 사람들 중 대다수는 선천성 음치가 아니라고 한다. 그들이 음치인 이유는 그들 스스로 노래를 못한다고 생각하는 믿음 때문이다. 한 연구에 따르면 이들이 노래를 잘 부르지 못하는 이유는 그저 노래 실력을 개발하는 쪽으로 연습하지 않았을 뿐이라고 한다. 나도 음치에 가까운 사람이었다. 원래 노래를 못하는 사람이라고 생각하며 살아왔지만 연기를 하면서 노래에 도전해야겠다고 마음먹었다. 훌륭한 선생님을 만나 6개월째 보컬 트레이닝을 하며 고음 불가에서 탈출했고 가창력도 비교할 수 없을 만큼 나아졌다. '난 원래 못해.'에서 '잘할 수 있어.'라고 마음을 고쳐먹자 상황은 180도 달라졌다. 나는 못할 거라고 계속 생각했다면 내 삶에서 노래를 잘 부를 수 있는 날은 영영 오지 않았을 것이다.

울렁증이란 우리가 스스로 만든 상상 속 콤플렉스에 불과하다. 무언가에 긴장하고 당황하여 능력을 발휘하지 못하는 것은 병이 아닌 경험과 실력 부족 때문이다. 지금부터 영어 울렁증이란 말을 머릿속에서 지워버리자. 할 수 없다는 생각은 할 수 있는 것조차 할 수 없게 만든다.

## 쉽다고 생각할수록 쉬워진다

어릴 적 텔레비전 속 나의 영웅이었던 종이접기의 신 김영만 선생님이 〈마이 리틀 텔레비전〉이라는 프로그램에 나와 이런 말씀을 했다.

"스스로 '쉽다'고 자꾸 생각하면 모든 일이 쉬워져요. 근데 '어렵다, 어렵다' 하면 풀리는 일이 없어요."

영어는 '사람'과 하는 것이다. 우리는 이 중요한 사실을 자꾸 잊어버린다. 영어를 '사람'과 하기 이전에 '시험'과 '성적'으로 접했기 때문에 딱딱하고 어렵게만 느낀다.

방송인 타일러 라쉬는 한국의 수능 영어의 부적절함을 지적했다. 영어는 단어와 문법 이전에 자연스러운 짜임새가 있는 언어이다. 그런데 수능 영어에서는 점수의 변별력을 높이기 위해 실제로 사용하지 않거나 문맥에 맞지 않는 어휘나 문법을 사용해 독해에 혼란을 주고 있다는 것이다.

우스갯소리로 "여기 주문하신 아메리카노 나왔습니다."가 수능 영어 지문에는 "이 시공간에 객체께서 청구하신 아메리카노가 출현하였습니다."라는 어렵고 추상적이며 일상생활에서 전혀 사용하지 않는 어색한 문장으로 나온다는 말이다.

우리는 자연스러움 이전에 어색함을 배웠고 즐거움 이전에 어려움으로 영어를 만났다. 영어에 대해 가졌던 두려움과 고정관념은 잠시 저 멀리 내팽개치고 가벼운 마음으로 영어를 새롭게 바라보자. 영어는 쉽다고 생각할수록 쉬워진다.

# 토익 900점이 넘어도 영어 한마디 못한다고?

다른 부분에서 지극히 정상인 사람이 노래나 수학,
또는 다른 어떤 기술을 수행하는 데 있어 선천적인 재능이 없이,
말하자면 둔재로 태어난다는 증거는 없다.
- 『1만 시간의 재발견』 중에서

## 내 인생 걸림돌, 토익 점수

오늘도 네이버 실시간 검색어에 토익이 뜬다. 토익은 언제나 실
검 단골 1순위다. 수능을 제외하고 이렇게 온 국민의 관심을 독차
지하는 시험이 또 있을까?

대한민국은 그야말로 취업 전쟁이다. 취업준비생과 실업자 수
가 450만 명에 육박하고 대학교에 다니고 있는 예비 취업준비생
까지 더하면 어림잡아도 700만 명이다. 토익은 취업에 필수사항
으로 자리매김한 지 오래고 취업준비생은 취업을 위해 오늘도 토

익과 치열한 전쟁 중이다.

토익 성적 없이는 원하는 회사에 서류전형조차 지원할 수 없고 겨우 지원해도 문턱에서 탈락하는 경우가 허다하다. '토익 점수=취업'이라는 등식이 성립하고 있는 것이다. 토익이 실검 순위에 오른 날은 성적 발표일이거나 토익 시험 전날이다. 학생들은 시험 전날에 시험 고사장과 시험 시간을 확인하고 성적 발표일에는 두려움 반, 설렘 반으로 시험 성적을 확인한다. 나도 토익 시험 전날이면 검색창에 토익을 검색하고 시험 시간과 고사장 위치를 확인했고, 커뮤니티와 카페에서 다른 수험생들의 푸념 섞인 글을 읽으며 같이 울고 웃던 시절이 있었다.

그런데 최근 많은 사람들이 토익이란 시험에 회의감을 느끼고 있는 듯하다.

"주변 친구 중에 토익 900점이 넘는 애가 있는데 영어 한마디 못하더라고요."

"기업의 인사 담당자들이 토익 점수가 높았는데 영어로 이메일 한 줄 못 쓴다고 화내더라고요."

요즘 수업에서 수강생들이 나에게 자주 털어놓는 이야기들이다. 학생, 취업준비생, 회사원 등을 막론하고 고민은 비슷하다. 생활 영어와 시험 영어, 두 마리 토끼를 다 잡을 수는 없을까? 정말 토익 점수와 진짜 영어 실력은 상관이 없는 걸까?

## 토익 900점의 현주소

내 친구 현식이는 한국 사회에서 자랑할 만한 스펙을 가지고 있다. 소위 SKY라 부르는 명문대를 졸업했고 토익은 900점이 넘으며 각종 봉사활동과 대외활동 공모전까지 휩쓸었다. 학창 시절 항상 반에서 상위권 성적을 유지했고 영어 성적은 1등급이었다. 그런 현식이의 영어 실력의 실체를 의심하게 된 건 이태원에서였다. 이태원에서 국제적인 축제가 열리던 날, 우리는 이태원 길을 걷고 있었는데, 지나가던 외국인이 현식이에게 다급하게 말을 걸었다. 자기의 빈 가방 속을 보여주며 찡그린 얼굴로 무언가를 영어로 이야기했다. 현식이는 식은땀을 흘리며 눈길을 피했고 대충 상황을 파악한 나는 그가 길거리에서 소매치기를 당해 범인을 찾고 있으며 가까운 경찰서 위치를 알려달라고 말하는 걸 알 수 있었다. 현식이는 당황해서 갑자기 말이 안 나왔다고 변명했지만 높은 토익 점수가 실제 영어회화 실력을 보장하지 않는다는 건 분명해 보였다. 12년간 영어 교육을 받고 상위권 성적을 받은 그가 영어 한마디 내뱉지 못했다. 왜 그럴까?

영어에는 두 종류가 있다. 생활 영어와 시험 영어다. 대한민국의 거의 모든 수험생과 취업준비생은 소통을 위한 영어가 아닌 '영어 점수 획득'을 위한 시험 영어를 공부한다. 그들은 일상생활에서

토익 실력이 오른다고 해서 진짜 영어 실력이 모두 오르는 것은 아니다. 토익은 영어의 부분집합에 불과하다.

외국인과 이야기하고 소통하는 것보다 당장 이력서에 한 줄을 올릴 수 있는 점수를 원한다. 따라서 대부분은 문제집을 사서 읽고 풀거나 인터넷 강의나 오프라인 학원에서 수동적으로 강의를 들으며 공부한다. 토익 강사들은 단기간에 고득점을 받는 비법이라며 온갖 화려한 말과 광고로 수험생들을 유혹한다.

단기간의 점수 획득을 위한 벼락치기 공부로 운 좋게 원하는 점수를 얻을 수는 있다. 실제로 대부분의 토익 학원에서는 단기간에 점수를 올리기 위해 몇몇 유형의 문제와 단어만 암기하도록 강요한다. 하지만 시험이 끝난 즉시 수험생은 단어, 문장, 문법 등을 모두 까맣게 잊어버릴 것이다. 영어로 자유롭게 말하고 영어책을 술술 읽지도 못할 것이다. 시험 영어 공부를 '정말 제대로' 해서 영어를 잘하게 될 수는 있지만, 시험 영어 만점이 무조건 그 사람의 '진짜 영어 실력'이라고 단정하기는 어렵다.

수업을 하면서 원하는 영어 성적, 토익 점수, 회화 실력을 갖지 못해 조급해하고 좌절하는 친구들을 많이 만나봤다. 그들에게 나는 늘 이렇게 말한다. 영어에서 출발하는 지점과 계기는 저마다 다르지만, 우리의 결승점은 모두 똑같다고. 결국 우리가 영어를 배우는 최종 목적은 상대방과 잘 소통하기 위해서인데, 당장 원하는 성적을 얻지 못해 좌절할 필요는 없다고.

우리 모두 조금 더 멀리보고 달렸으면 좋겠다. 언어는 손톱에 색깔을 내고 싶다고 당장 칠할 수 있는 매니큐어가 아니라 손톱 안에 자연스럽게 저절로 물드는 시간이 필요한 봉숭아꽃과도 같기 때문이다.


## 생활 영어와 시험 영어를 동시에 잡는 법

시험과 스펙은 사람들의 능력을 객관적인 기준으로 평가하기 위해 존재한다. 자기 스스로 영어에 자신이 있고 영어 실력이 뛰어나다고 주장해도 그 실력을 증명할 수 있는 객관적 지표인 성적이 없으면 아무도 믿어 주지 않는 것이 현실이다.

나는 스펙을 위해 토익 공부를 시작했더라도 제대로 공부하면 영어회화 실력 또한 상승한다고 믿는다. 아무리 시험 영어라도 영어는 영어다. 나 자신도 토익 공부를 통해 다양한 어휘를 습득하고 독해력이 좋아졌으며 문법도 훨씬 잘 이해할 수 있게 됐다.

가장 중요한 것은 영어 성적이 필요해 영어를 시작했다고 하더라도 원하는 성적을 얻는 순간 영어와 작별을 고해서는 안 된다는 점이다. 그 어떤 영어 실력자도 영어를 정복할 수 있다, 혹은 끝이 있다고 생각하지 않는다. 전문 영어 강사, 통역사, 번역가들도 뒤처지지 않고 성장하기 위해 매일매일 공부하고 노력한다.

토익과 영어는 동시에 잡아야 할 두 마리 토끼다. 우리는 토익 점수를 잘 받아서 취업도 해야 하고 동시에 영어회화를 잘해서 외국인 친구도 만들고 외국인 바이어와 상대해야 한다. 나는 영어 실력을 스펙으로 증명하기 위해 토익 만점이 필요했고 시험 성적과는 별개로 외국인과 자유롭게 영어로 이야기하고 내가 좋아하는 영화를 자막 없이 보고 싶었다.

영어가 전체집합이라면 토익은 그 안의 부분집합이다. 영어를 잘하면 토익 고득점을 받을 가능성이 높지만 꼭 토익 점수가 높다고 반드시 영어를 잘한다고 볼 수는 없는 것처럼 말이다.

지금 우리 사회와 기업은 영어 이전에 토익 고득점이라는 성적을 요구한다. 하지만 영어는 단순한 점수 획득이나 자격증으로 끝나는 것이 아니다. 진짜 영어를 잘하고 싶다면 영어를 언어로 대하고 영어 그 자체를 좋아하고 사랑해야 한다. 영어는 토익 점수로 한 번 만났다 이별하는, 잠시 스쳐 지나가는 대상이 아닌 오래 두고 사귀는 벗처럼 때로는 사랑하는 연인처럼 평생을 같이 가야 할 동반자다.

# 한국인은 영어를 못하는 게 당연하다

실수를 저지를지 모를 상황을
피하는 것이야말로 가장 큰 실수이다.
- 피터 맥윌리엄스

## 무시 받지 않으려고 시작한 영어 공부

나는 중학교 3학년 때 처음으로 비행기를 타고 지구 반대편인 캐나다 밴쿠버로 떠났다. 영어 한마디 할 줄 모르는 사춘기 소년은 빡빡머리에 힙합 바지를 입고 헤드폰을 낀 채 부푼 희망과 설렘을 가득 안고 꼬박 12시간을 날아갔다. 한 시간 정도 이민국 앞에서 기다린 끝에 난생처음 파란 눈에, 수염이 얼굴을 뒤덮은 외국인이 영어로 말을 걸어왔다. 무슨 내용인지는 모르겠으나 말끝의 억양이 올라간 걸 보니 나에게 질문하는 것 같았다. 아마도 여기 왜 왔냐고 묻는 것 같았다. 나는 들릴락 말락 한 목소리로 말했다.

"I'm··· a, a s··· student··· study h··· h···here."

그렇게 외국인과의 첫 대면을 무사통과하고 밖으로 나온 순간, 아직도 그 장면이 또렷이 기억난다. 모든 간판은 알 수 없는 영어로 가득했고 금발의 파란 눈을 한 외국인들이 슬로비디오처럼 내 눈앞을 스쳐 지나갔다. 그제야 한국에서 8200km 떨어진 타국에 혼자 서 있다는 것이 실감이 났다.

처음 캐나다에서 버스를 탔을 때가 생각난다. 한국에서는 교통카드나 현금을 내면 되지만, 캐나다는 '패스'라는 것을 구입해서 버스기사에게 보여주어야 했다. 아무것도 모르고 어쩔 줄 몰라 하는 나에게 버스기사는 "Get off bastard!"라고 외쳤다. 당시에는 무슨 뜻인지 모르고 '나 때문에 화가 났구나.' 정도로만 생각했다. 하지만 나중에 알고 보니 bastard는 '미친 놈' 혹은 '개자식'이란 욕이었다.

또한 캐나다 학교에서 나는 다른 아이들에게 팀 과제나 토론 시간의 기피대상 1순위였다. 인종차별도 있었지만, 영어를 못한다는 이유로 언어 차별도 존재했다. 나는 살아남기 위해, 무시 받지 않기 위해 영어를 잘해내야만 했다.

# 우리가 영어를 못하는 이유는 충분하다

FSI(미국 국무부 산하 외교관 양성 기관)Foreign Service Institute는 미국인이 해당 외국어를 익히는 데 걸리는 시간을 레벨별로 나누었다. 레벨이 올라갈수록 습득 시간은 배로 늘어나는데 한국어, 일본어, 중국어 등 동아시아 언어는 배우는 데 무려 2200시간이 필요하다. 2200시간은 하루에 2시간씩 매일 공부해도 3년이 걸리는 시간이다. 반대로 계산하면 한국인이 영어를 익히려면 최소 3년은 걸린다는 것이다. 왜 언어마다 이런 차이가 발생할까?

언어는 근접한 위치에 있는 나라나 동족일수록 단어의 소리가 매우 비슷하고 공통분모가 많다. 영어로 '발'이라는 뜻인 'foot'은 독일어로는 'Fuß', 노르웨이어로는 'Fot', 덴마크어로는 'Fod', 아

**미국인이 외국어 습득에 필요한 시간**

| 레벨 | 언어 | 습득 시간 |
|------|------|-----------|
| Easy | 스페인어, 네덜란드어, 스웨덴어, 프랑스어, 아프리카어, 이탈리아어 등 | 575-600시간 |
| Medium | 인도어, 태국어, 러시아어, 베트남어, 그리스어, 터키어 등 | 1100시간 |
| Hard | 아랍어, 일본어, 중국어, 한국어 | 2200시간 |

출처 : http://www.businessinsider.com/the-hardest-languages-to-learn-2014-5?IR=T

이슬란드어로는 'Fotur'라고 한다. 한국은 지리적으로 중국, 일본과 가깝고, 실제로도 '한자'라는 문자에 같은 뿌리를 두어 언어 간에 비슷한 점이 꽤 많다. '도착'이라는 한국어가 일본어로 '도차쿠', '관계'는 '간케이'로 발음되며, '환영'은 중국어로 '환영', '공중'은 '쿵중' 등 발음이 비슷하고 익숙해 배우기가 훨씬 수월하다.

특히 중국어를 배우고 있는 요즘 한국어와 중국어의 유사성에 대해 더더욱 공감하고 있다. 영어를 배울 때 보이지 않던 공통점이 많이 보이기 때문이다. '운동'은 '윈동', '은행'은 '인항', '음료'는 '인리아오' 등 발음이 비슷한 단어가 많다. 이처럼 인접한 지리적 특성과 역사적 교류가 있던 나라들의 언어는 공통점이 있지만 영어와 한국어는 지리적으로도, 역사적으로도 공통분모를 찾기 힘들다.

언어에 많이 노출될수록 그 언어에 익숙해지고 잘할 확률이 높아진다. 만 4세가 될 때까지 아이가 모국어에 노출되는 시간은 11680시간이라고 한다. 하루에 8시간씩 노출됐다고 가정하면 4년이고, 1시간씩 노출됐다고 가정하면 무려 32년이다. 영어를 일상생활에서 쓰지 않는 EFL English as Foreign Language인 한국 사람들은 영어를 접하고 사용하는 시간이 적고 영어 환경에 상대적으로 적게 노출되기 때문에 원어민보다 영어를 익히기가 더 힘들다.

우리가 원어민처럼 외국어를 잘할 수 없는 이유는 충분하다. 그들이 사용한 시간만큼 영어를 사용하지 않기 때문이다. 결국 노출되고 사용하는 절대적 시간만큼 우리의 외국어 능력은 발달한다.

한 달 만에 영어회화 술술, 두 달 만에 영어 정복, 이런 사탕 발린 유혹에 더 이상 속아 넘어가지 말자. 언어는 결코 단번에 체득되지 않는다. 만약 여러분이 영어를 처음 접했는데도 입에서 영어가 술술 나온다면 〈순간포착 세상에 이런 일이〉라는 프로그램에 나가는 걸 추천한다.

영어가 어려운 당신은 지극히 정상이다. 이처럼 익히기 어려운 영어를 공부하면서 가져야 할 마음가짐은 바로 '여유'와 '끈기'다. 여유와 끈기를 갖고 멀리 보자.

# 나는 영어 못해도 잘 먹고 잘 산다?

내가 사용하는 언어의 한계가
내가 사는 세상의 한계를 규정한다.
- 루트비히 비트겐슈타인

## 영어는 당신의 경험치를 100배 늘려준다

우리는 멋진 화면의 블록버스터 영화를 한글 자막으로 읽어야
하고 가사가 아름다운 팝송의 한글 해석을 찾아봐야 한다. 한글
자막이나 해석이 된 영화와 노래만 접한다면 그 범위가 제한되는
것은 어쩔 수 없는 일이다. 그러나 영어로 소통이 가능하다면 체
험할 수 있는 경험치의 범위는 상상할 수 없이 넓어진다.

내가 영어를 가르쳤던 수진이는 영화와 음악을 좋아했다. 특히
할리우드 영화와 팝송을 좋아했기 때문에 영어를 잘해서 한글 자

막에 의지하지 않고 그들의 언어를 그 느낌 그대로 알아듣고 싶다고 했다. 영어를 배우면서 그녀에게 일어난 변화는 놀라웠다. 수진이는 이제 자막 없이 영화를 보고 국내에 배급되지 않은, 한글 자막이 없는 영화까지 찾아서 볼 수 있게 되었다. 새로 나온 팝송도 한글 해석이 나올 때까지 기다릴 필요가 없어졌다고 좋아했다. 또한 미국 잡지와 사이트를 통해 영화와 음악, 할리우드 엔터테인먼트에 관한 기사까지 살펴볼 수 있어 시야가 넓어졌고 미국 연예잡지사에서 일하고자 하는 꿈을 더욱 키워나가고 있다.

대학원에서 우주항공학을 공부 중인 재형 씨는 학부 졸업을 위해 토익 점수가 필요해서 영어를 공부하게 되었다. 이공계 공부만 해온 터라 영어와는 평생 떨어져 살았지만 이 기회에 꾸준히 공부해서 영어를 잘하고 싶다고 했다. 우리는 토익 기본서로 기초 문법과 어휘력부터 다져 나갔다. 처음에는 기초가 부족해서 진도가 더뎠고 어려워하는 부분도 많았다. 그러나 꾸준히 공부했고 1년이 지나자 원하던 토익 점수는 물론 영어 독해력과 어휘력도 몰라보게 좋아졌다. 수업을 하던 어느 날은 자기가 원하던 제품을 해외 직구로 싸게 구입했다고 기뻐했다. 영어를 할 줄 모르던 이전에는 상상도 못했던 일이었다. 또 전공 분야의 논문이 대부분 영어 원서라 예전에는 한글로 해석된 글만 봐야 하는 한계가 있었지만 지금은 해외 영어 논문과 저널 사이트, 그리고 영어 원서를 읽으며 얻는 정보의 양이 훨씬 더 많아졌다고 했다. 영어를 하기 이전과 이후, 접하는 정보의 양은 물론 삶의 질 자체가 달라진 것이다.

SBS 프로그램 〈스타킹〉에서 '영어킹'으로 선발된 '더홍' 홍의성은 레슬링을 통해 영어에 빠졌다고 한다. 미국 WWE 프로그램을 보며 레슬러들의 쇼맨십을 따라하고 그들의 멘트에 귀를 기울였다. 하지만 영어에 문외한이었던 그는 선수들의 말을 알아들을 수 없어 답답했다. 게다가 우리나라는 레슬링 불모지라 제대로 된 한글 자막이나 해석도 없었다. 어쩔 수 없이 그는 자기가 좋아하는 레슬링을 더 잘 이해하고 즐기기 위해 그때부터 스스로 영어를 시작하기로 결심했다.

학생 시절 강제로 등 떠밀려 배우던 영어, 시험으로 만나던 영어 공부와는 달랐다. 누가 시키지 않았지만 스스로 도전했다. 레슬링 쇼를 끊임없이 반복해서 보며 프로레슬러 '더락', 드웨인 존슨의 단골 멘트를 달달 외웠다.

"Finally the Rock has come. If you smell what the Rock is cooking!(드디어 락이 돌아왔다. 락이 누군가를 혼내주고 있는 것을 알 수 있겠는가!)"

그는 자신의 영어 실력을 증명하기 위해 〈스타킹〉에서 개최한 '불굴의 영어킹'에 참가했다. 여러 명의 도전자와 함께 100일 동안 담당 멘토와 매일 영어 학습을 하면서 최후의 1인을 뽑는 서바

이벌 프로그램이었다. 그는 매일 10시간 가까이 영어에 매진했다. 한 가지 공부법만 지속하기보다는 레슬링 쇼 반복 시청, 미드 시청, 외국인과 회화 연습 등 다양한 방법으로 100일 동안 꾸준히 학습했다. 100일 후 그는 단순히 레슬링 멘트와 용어를 넘어서 자유로운 회화가 가능해졌고 결국 '영어킹'으로 선발되었다. 영어를 향한 자발적인 호기심과 관심이 원동력이 된 것이다.

## 영어는 당신의 가치를 100배 높여준다

전 세계 75억 인구, 250개 국가에서 사용하는 언어는 대략 7000개 정도다. 그중 영어는 9억4000만 명이 사용하는, 세계에서 가장 널리 사용하는 링구아 프랑카Lingua Franca, 즉 세계 공용어이다. 영어의 본토인 영국의 비율은 5%에 불과하고 나머지 95%는 영국 외의 나라다. 인터넷의 언어 중 54%가 영어로 되어 있고 전자상거래의 95%는 영어로 이루어져 있다. 영어를 할 수 있게 되면 우리가 살아가면서 접할 수 있는 정보의 양은 이전과 비교할 수 없을 정도로 많아진다. 세계화로 인해 국경은 점점 사라지고 있지만 유일하게 남아 있는 장애물이 바로 언어 장벽이다. 영어를 사용하는 것만으로도 대한민국 국경을 넘어 세계의 가운데에 설 수 있는 것이다.

학생이라면 전체 인터넷 웹사이트 중 0.7%에 불과한 한글 웹사이트에서 정보를 얻는 것이 아니라 100배 이상의 넓은 범위의 정보를 얻을 수 있다. 상품 판매자라면 국내 사이트에서 5000만 명을 대상으로 하는 것이 아니라 10억 명의 잠재 고객을 확보할 수 있다. 잠재적 정보와 고객의 범위 자체가 달라진다.

만약 한국인 배우가 영어를 능숙하게 구사할 수 있어 할리우드로 진출한다면 그의 가치와 활동하는 시장은 상상할 수 없을 만큼 커진다. 실제로 배우 이병헌은 신인 시절부터 주위 사람들에게 할리우드에 진출할 거라고 이야기했고 사람들은 코웃음을 쳤다. 20년 후 그 말은 씨가 되어 할리우드에서 활동하는 대한민국 최고의 배우 이병헌을 싹 틔웠다. 그는 아무것도 아니었던 신인 시절부터 미래를 준비하고 계획하며 꾸준히 영어를 배웠다. 만약 그때 자신의 한계에 굴복하고 보다 더 큰 가치와 비전에 도전하지 않았다면 〈지.아이.조〉와 〈레드:더 레전드〉 같은 작품에서 연기하는 이병헌은 볼 수 없었을지도 모른다.

이들은 미래를 내다보고 자신의 한계를 국가나 언어라는 장벽 안에 가두지 않았다. 힘들고 귀찮아도 남들보다 부지런히 영어라는 무기를 갈고 닦았고 그 능력은 본업과 결합해 시너지를 발휘했고 그들의 재능과 능력을 더욱 빛내게 되었다.

영어는 나에게도 기회였다. 영어를 취미가 아닌 특기로 만들면서 영어는 나의 무기가 되었다. 영어 대사를 하는 배역이나 작품에 출연할 수 있는 기회가 여러 번 생겼다. 남들이 쉽게 맡을 수 없는 재미교포 역, 입양아 역, 유학생 역 등 영어를 하지 못했다면 가질 수 없는 기회였다. 영어를 함으로써 영어를 하지 못하는 다른 배우들과 다른, 나만의 차별성을 만들게 된 것이다.

상위 1%의 천재가 아닌 우리는 경쟁력을 갖기 위해서 상위 25%에 속하는 기술을 세 가지 이상 갖춰야 한다. 그중 외국어, 그 안에서도 영어는 필수적인 무기다.

밀레니엄 시대라 불렀던 21세기의 컴퓨터와 인터넷 시대를 지나 모바일과 인공지능이라는 4차 산업 혁명기에 접어들며 생존을 위한 경쟁은 그 어느 때보다 더 치열해지고 그 중심에는 언제나 세계의 공용어인 영어가 자리 잡고 있다. 영어는 당신이 흘린 땀과 노력을 배신하지 않으며 그 이상의 가치로 당신에게 보답해줄 것이다.

# 미국 영어에 대한 집착을 버려라

'나는 할 수 없어, 내게 주어진 것이나 내가 볼 수 있는 게 다야.'
하고 생각하는 것이야말로 가장 멀리해야 하는 일이죠.
– 베르나르 베르베르

## 영어에 표준어는 없다

영어 하면 생각나는 나라는? 바로 미국이다. 우리는 '영어의 표준어=미국 영어'라고 생각한다. 그러나 많은 언어학자들은 영어의 표준화에 반대한다. 언어는 시대에 맞춰 흐르고 변화하는 것인데 표준어라는 틀에 맞추고 잘라내면 문법과 맞춤법 위주의 학습만 강요하게 되기 때문이다. 그래서 영어의 정형화된 표준어는 사실상 의미가 없고 다양한 영어들이 존재하는 것이다. 미국만 보아도 여러 민족이 고루 분포되어 있어 흑인 영어, 스패니시 영어, 멕

시칸 영어 등의 다양한 영어 형태가 존재한다.

영어는 원래 영국의 언어이지만 전 세계에서 영어를 제일 많이 사용하는 나라는 미국이다. 또 우리는 문화적으로 영국보다 미국과 가깝다. 즐겨 듣는 팝송의 대다수는 미국 노래이고 좋아하는 영화는 할리우드 영화이며 즐겨 보는 드라마는 미드다. 이렇듯 미국의 다양한 문화를 많이 접하면서 영어의 표준은 미국의 영어라는 인식이 자리 잡았다.

흔히 말하듯 미국은 '멜팅 팟melting pot'이다. 직역하면 '인종의 용광로'라는 뜻으로 다민족, 다문화적 요소가 한곳에 섞여 있다는 의미이다. 따라서 그들이 쓰는 언어도 출신 국가와 인종에 따라 천차만별이다.

내가 만났던 외국인들 중 영어를 가장 잘하는 사람은 중국인과 인도인이었다. 이 두 나라 사람들의 특징은 말을 할 때 거침이 없고 자신감이 넘쳤다. 일부러 꾸며내면서 미국식 발음을 따라 하지 않고, 자기 나라 언어의 발음대로 영어를 구사했다. 물론 미국 원어민의 영어와 차이는 있었지만 듣고 이해하는 데에는 큰 문제가 없었다. 그들도 자신의 영어 실력에 자신이 있었고 발음에 크게 개의치 않았다. 자신의 생각을 말하고 못 알아들었을 때는 질문하며 계속 영어로 입을 여는 자신감에 그들의 영어 비결이 숨어 있었다.

# 발음은 의사소통에서 중요하지 않다

2000년대에 원어민과 비슷하게 영어를 발음하기 위해 아이들의 혀를 늘리는 수술이 유행이라는 뉴스를 보고 충격을 받은 적이 있다. 한국 부모들이 영어에 얼마나 집착하고 영어 조기 교육에 열성적인지 그 부작용을 보여주는 사례가 아닌가 싶다. 사실 영어 발음에서 중요한 것은 혀의 길이가 아닌 혀의 위치와 운동성에 있다. 얼마나 유연하게 잘 구부렸다 폈느냐, 치아의 정확한 위치에 갔다 대느냐 같은 기본 원리를 모르고 그저 '혀가 길어지면 잘하겠지.'라고 생각하는 몰지각함이 끔찍한 비극을 부른 것이다. 혀의 길이가 길어진다고 발음을 잘하게 되는 것이 아니다. 연습과 반복 훈련을 통해 정확하게 소리 내는 연습을 해야 발음이 좋아진다.

나영석 PD는 세계적인 광고제 '칸 라이언즈'에서 영어로 프레젠테이션 하여 모든 이들의 극찬을 받았다. 한국인들은 그의 영어 실력에 놀라워하면서도 "발음이 조금 부자연스럽다."고 평가했다. 하지만 나영석 PD의 세미나 영상은 올해 칸 행사에서 가장 높은 조회 수를 기록했다. 더불어 행사에 참석한 외국인들은 그의 유머와 생각에 매력을 느꼈고, 발표 내용에도 크게 공감했다고 한다.

영어를 공부하는 이유와 목적을 다시 생각해보자. 발음은 의사소통에 있어 크게 중요하지 않다. 상대방이 알아들을 수 있다면 충분하다. 한국에 살고 있는 다른 외국인들도 저마다의 콩글리시를 사용한다.

영국만 해도 남부 지역의 퀸즈 잉글리시Queen's English가 있고 웨일스의 웨일스 잉글리시Welsh English가 있다. 퀸즈 잉글리시가 부드럽고 단정한 느낌이라면 웨일스 잉글리시는 다소 거칠고 투박하다.

미국도 크게 북동부 지역과 남서부 지역의 영어 스타일이 다르다. 백인들이 많은 미국 북동쪽 미네소타와 뉴욕은 말이 빠르고 차갑고 날카롭다. 이주민에 대한 경계심 때문이다. 반면 흑인들이 많은 미국 서부와 남부 엘에이와 텍사스는 늘어지고 가라앉는다. 미국에서는 칠 앤 레이백 스타일chill & lay-back style이라고 한다. 온화한 날씨와 느긋한 흑인들의 삶의 태도에서 묻어 나오는 발음과 억양이다. 이처럼 영어는 같은 미국 대륙 안에서조차 지역과 인종에 따라 발음이 다르다.

내가 가르친 학생 중 성현이는 자신의 발음이 안 좋다고 기죽어 있을 때가 많았다. 성현이는 미국식 영어 발음을 하지 못해 힘들어했는데, 'L'과 'R' 발음에 약했고 된소리를 세게 냈다. 나는 성현이에게 "넌 영국식 발음이야. 영국식 발음이 얼마나 우아하고 품격 있는 줄 알아? 미국인들은 오히려 영국 발음을 더 멋있다고 생각해. 기죽지 말고 하던 대로 자신 있게 발음해봐."라고 말해주었다. 나는 일부러 수업 때 성현이에게 영국 드라마와 영국 배우들의 영어 인터뷰를 많이 보여주었다. 누군가의 단점은 오히려 장점이 될 수 있음을 알려주고 싶었기 때문이다. 성현이는 발음이 나쁜 것이 아니라, 기존의 미국 발음과 억양에 익숙해있었기 때문에 자신도 모르게 미국 발음에 억지로 맞춰왔던 것뿐이다.

## 영어는 정확성보다 융통성이 중요하다

월요일 밤 JTBC에서 하는 〈비정상회담〉이라는 프로그램을 즐겨 본다. 전현무, 유세윤, 성시경이 한국인 대표로 사회를 보고 여러 나라의 외국인들이 자신의 나라를 대표하여 그 나라의 문화와 현실에 대해 이야기하는 프로그램이다. 짧게는 6개월에서 길게는 10년 이상 한국에 거주하고 있는 다양한 국적의 외국인들이 출연하는데 그들의 한국어 실력은 놀라울 정도로 뛰어나다. 이야기의 주제는 일상에 관련된 것에서부터 경제, 정치, 사회, 문화 등 여러 분야에 걸쳐 있다. 영어로 그 정도 수준의 주제를 가지고 토론을 하려면 최상급 수준에 가까워야 가능하다.

구글의 아시아 태평양 총괄 전무를 맡고 있는 미키김은 〈비정상회담〉에 출현해 이렇게 말했다.

"한국의 많은 분들은 미국 백인의 영어 발음을 해야 영어를 잘

한다 생각한다. 그러니까 자꾸 발음을 굴린다. 그냥 편하게 하면 되는데 자꾸 발음을 굴리니까 오히려 상대방이 더 못 알아듣는다. 무슨 얘기를 하는지 모른다. 여기 계신 분들이 좋은 예인 것 같은데 이분들을 보면 한국어 발음이 다 다르고 문법이 틀릴 때도 있지만 자기 의견들을 굉장히 강하게 이야기한다. 언어라는 것은 발음이나 문법이 아니라 나의 생각, 나의 의견, 나의 주장을 얼마나 잘 이야기할 수 있는지가 가장 중요한 것 같다."

그렇다. 가장 중요한 건 말하고자 하는 내용과 전달력이다. 하고자 하는 말을 전달하는 것 그뿐이다. 유독 우리나라는 혀를 굴리는 미국식 발음이 영어의 전부인 것처럼 찬양하고 경배한다. 의사소통이 된다면 발음의 옳고 그름은 따질 필요가 없다. 발음은 변하기 때문이다. 너무 발음에 집착하거나 원하는 발음이 나오지 않는다고 주눅 들지 말자.

만화 『슬램덩크』에서 강백호는 슛을 쏠 때 "왼손은 거들 뿐."이라고 말했다. 슛을 쏘는 스냅은 오른손에서 나오고 왼손은 공이 손안에서 벗어나지 않게 잘 받쳐주는 역할을 할 뿐이다. 영어에서도 마찬가지다. '발음은 거들 뿐'이다.

# 영어에 늦은 나이란 없다

성공한 유명인을 따라 하려고 하지 마라.
항상 자신을 믿고 자신을 나타낼 줄 아는 자신이 되라.
- 이소룡

## 지금 영어를 시작해도 될까?

우리는 무슨 일을 시작할 때 지금은 너무 늦은 게 아닐까 고민
에 빠진다. 영어 앞에서도 나이 때문에 작아지는 사람들을 많이
본다. 영어를 배우기에 늦은 나이가 있을까?

평생 모은 돈을 투자해 한 시골 마을에 전원주택을 지은 사람이
있었다. 그러나 빚보증으로 모든 것을 잃고 협심증이란 병까지 얻
어 폐인이 되다시피 했지만, 그에게는 놓을 수 없는 꿈이 있었다.
그건 바로 글을 쓰겠다는 꿈이었다. 글로 돈을 벌어야겠다는 일념

하나로 일면식도 없는 출판사마다 전화를 걸어 자신에게 번역을 맡겨보라고 대뜸 제안했고 불가능해 보였던 번역가로서의 제 2의 삶이 시작됐다. 15살 소년의 꿈이 이루어진 건 50년이 흐른 그의 나이 70살이 되었을 때였다. 번역가로서 새로운 인생을 시작한 그는 매일 새벽 네 시에 일어나 하루에 여덟 시간 이상 꼼짝하지 않고 집필에 몰두하여 지금까지 200권이 넘는 책을 번역하고 9권의 책을 냈다.

올해 나이 여든여덟의 현역 번역가 김욱 선생님의 이야기다. 그는 "110살까지 살아야겠고 95살까지 번역을 할 것이며 그 후에는 중국어를 배울 계획"이라고 한다. 그는 저서 『가슴이 뛰는 한 나이는 없다』를 통해 자신의 삶의 목표에 대해 말했다.

"야구 명언 중에 '끝나기 전에는 끝난 게 아니다.'라는 말이 있다. 인생과의 싸움은 끝이 없다. 그리고 패자도 없다. 내가 인생을 이겨버리면 나는 승리자가 된다. 내가 인생에 패한다면 승리자는 나의 인생이 된다. 손해 볼 것 없는 이 싸움에서 꼬랑지를 말고 도망쳐 숨는다는 것은 말이 되지 않는다."

SBS 〈순간포착 세상에 이런 일이〉에 영어 완전정복을 꿈꾸는 90세 할머니의 사연이 소개된 적이 있다. 할머니는 길에서 마주치는 외국인에게 다가가 스스럼없이 영어로 말을 건다. 할머니는 영어 문장을 집 안 벽에 가득 적어놓고 집안일을 할 때나 일상생활에서 계속 말하기를 반복한다. 할머니는 젊어서부터 영어 공부를 하고 싶었지만 갑작스러운 남편과의 사별로 인해 육 남매를 혼자서 책임져야 했고 꿈을 잊고 살았다. 그러다 불과 2년 전에 알파벳부터 시작했다. 할머니는 매일 네다섯 시간 이상 끊임없이 영어책을 읽고 쓰고 말하며 영어를 익혔다. 얼마 전에는 운전면허도 취득했고 지금은 피아노도 배우고 있다. 할머니는 말한다.

"하고 싶은 의지만 있으면 안 되는 건 없어. 어제는 역사였고 오늘은 선물이며 내일은 알 수 없어. 오늘을 선물처럼 소중히 생각해서 열심히 사는 거야."

『초콜릿으로 시작한 영어』에 소개된 김종원 할아버지는 아파트 경비원으로 근무 중이다. 할아버지는 아파트에 사는 외국인들을 위해 안내방송을 한국어로 한 번, 영어로 다시 한 번 방송한다. 회화 실력도 뛰어나 아파트에 사는 외국인들과 안부를 묻고 대화를 나눈다. 할아버지가 영어를 잘하고자 결심하게 된 계기는 세월을 거슬러 6·25전쟁 때였다. 당시 어머니와 피난을 가다가 만난 미군이 영어로 말을 걸었는데 도움을 주려는 미군의 말을 알아듣지 못하는 상황이 괴로웠고 반드시 영어를 배우리라 다짐했다. 어려운 가정 형편 때문에 초등학교를 중퇴하고 구두닦이와 불판 장사, 경비원 일을 했지만 그 와중에도 영어에 대한 꿈을 놓지 않고 시간 나는 틈틈이 영어에 매진했다. 그렇게 시간이 지나자 30대에 영어

책을 읽을 수 있었고 40대에는 외국인과 자유롭게 영어로 대화가 가능해졌다. 할아버지의 공부 방법은 시간이 날 때마다 영어사전을 펴서 모르는 단어를 쓰고 외우는 것이었다. 그리고 텔레비전에 나오는 외국 영화를 자막을 가린 채 입으로 한국어로 해석하면서 시청했다. 혼자 생활하는 집 안에서도 마치 대화 상대가 있는 듯 계속 중얼거렸고 무슨 일을 하든 그 상황을 영어로 말하는 연습을 했다. 할아버지는 이렇게 말했다.

"미칠 정도로 해야만 모든 걸 이룰 수 있는 거예요. 특히 영어는 미치지 않으면 안 돼요. 미쳐버려야지."


## 나이를 먹을수록 뇌는 성장한다

대학생들과 8살 아이들을 대상으로 외국어 배우기 실험을 했다. 2주간 같은 선생님에게 같은 내용을 배운 후 어휘력과 문장 능력, 발음을 테스트했다. 어휘력과 문장 능력 모두 대학생들이 두 배 이상 높았고 심지어 발음도 대학생들이 미세하게 높았다. 나이가 어리다고 언어를 빨리 배우거나 더 잘하는 것이 아니었다.

말을 빨리 배우면 배울수록 원어민에 가까운 발음을 할 수 있는 것은 사실이다. 하지만 성인들은 인지적으로 더 성숙하고 언어 사용량이 많기 때문에 언어 학습 속도가 더 빠르다. 충분히 언어에 노출해주지 않으면 아이들의 천재성도 빛을 발할 수 없다. 영어 실력은 나이에 비례하는 것이 아니라 노출 시간과 사용량에 비례한다.

　인간의 신체는 어느 순간 노화를 시작한다. 근육은 줄어들고 뼈는 얇아지고 면역력은 약해진다. 그러나 뇌는 다르다. 사람이 나이가 들며 주름이 지는 건 수분의 증발을 막고 자외선으로부터 보호하기 위해서이고 몸이 줄어드는 건 뼈가 많은 에너지를 소비하기 위함이다. 유일하게 노화하지 않는 장기는 뇌뿐이다. 연구 결과에 따르면 뇌는 쓸수록 그 부위가 더욱 활성화되는 모습을 보인다. 뇌의 특정 부위를 계속 사용할수록 그 부위와 관련된 기능은 발달한다.

　'성인 기초 회화' 강의를 할 때, 50대 어머님을 가르친 적이 있다. 나이도 우리 어머니와 동갑이셨다. 학생이 아니라 엄마를 가르치는 기분도 들었지만, 영어 앞에선 선생과 학생이었다. 그 어머님은 학창 시절부터 영어를 잘하고 싶은 꿈이 있었고, 자기가 가장 부러워하는 사람은 영어를 잘하는 사람이었다고 했다. '영어 공부 해야지, 꼭 해야지….' 하고 생각만 하다 직장에 들어갔고, 결혼 후 한 가정의 어머니가 되면서 삶의 현실에 눌려 영어 공부를 미룰 수밖에 없었다고 했다.

어머님은 영어 공부를 해야겠다고 마음 먹은 게 벌써 30년이 흘렀다고 했다. 나는 결코 늦지 않았다고 어머님을 위로했다. 더 늦은 나이에 영어 달인이 된 분들의 이야기를 들려드리며 힘을 보탰다.

"어머님은 뭘 좋아하세요?"

"저요? 요리랑 드라마 보기요."

나는 어머님의 취향에 맞는 영어 수업을 하고 싶었다. 그래서 요리에 관련된 영어 단어들을 쭉 나열해서 익히고 문장에 적용한 다음, 어머님과 10문장씩 대화를 주고받았다. 또 좋아하는 드라마 〈왔다! 장보리〉와 〈내 딸, 금사월〉을 영어로 번역한 동영상을 보며 함께 대사를 외웠다. 어머님이 '내가 봤던 내용을 영어로 이렇게 말할 수 있구나!' 하고 박수를 치며 기뻐하던 모습이 아직도 생생하다.

사람들은 언제나 "난 나이가 너무 많아.", "다시 시작하기에는 너무 늦었어.", "그때 시작할 걸." 같은 후회를 한다. 후회는 내가 했던 행동보다 하지 않았던 행동을 향한 미련이다. 꿈과 목표를 향한 열정 앞에서 당신의 뇌는 늙지 않으며 오히려 그 꿈과 목표를 이룰 수 있게 시스템을 최적화하여 당신을 도와줄 것이다.

# 친구 따라 학원 가지 마라

새는 자신의 날개로 날고 있다.
사람도 자신의 날개로 스스로 날아야 한다.
- 에르네스트 르낭

## 영어 공부는 유행을 따르지 말고 자신이 결정하자

사람들은 유독 영어 앞에서는 귀가 얇아진다. '친구가 저걸 하니까 나도 해볼까?' '2주 만에 토익 900점?' '이 책만 보면 한 달만에 영어 마스터?'

친구 따라 강남 간다는 속담을 요즘 시대에 맞게 바꾸면 이렇다. "친구 따라 강남 영어 학원 간다." 강남역에 가면 우후죽순 늘어서 있는 영어 학원을 쉽게 볼 수 있다. 영어를 잘하기 위해서는 크고 비싼 학원에 꼭 가야 하는 걸까?

미국 온라인 저널『자연 인간 행동Nature Human Behavior』은 여러 사람들이 모여 의사 결정을 내릴 때 자신감을 서로 비슷하게 맞춰나간다는 연구를 발표했다. 런던대학교와 옥스퍼드대학교 공동 연구팀은 이란과 영국의 참가자 202명을 대상으로 두 개의 연속된 도형을 보고 질문에 답하게 했다. 실험이 진행될수록 사람들은 다른 사람의 자신감이 높다고 생각하면 자신의 자신감도 높였고, 반대로 상대방이 낮다고 느끼면 자신의 자신감도 낮췄다. 사람들은 자신감 있는 사람의 의사 결정에 따르는 경향이 있으며 그 사람의 전문 지식의 유무는 별로 중요하지 않다고 했다. 한마디로 누군가가 무엇을 자신 있게 말하거나 행동하면 다른 사람은 그것을 따라가게 된다는 것이다.

대한민국은 유독 유행을 따라가는 경향이 크다. 얼마 전에는 저렴한 생과일주스가 유행을 타 거리 곳곳마다 생과일주스 가게가 우후죽순처럼 퍼졌었고, 대만에서 온 카스텔라 가게가 유행이었다가 금세 자취를 감추었다. 또 최근에는 인형 뽑기와 핫도그 가게가 유행하고 있다. 영어에도 유행이 있다. 최근에는 태블릿 PC로 학습하는 영어 학원과 연예인을 모델로 한 영어 전화 학습 광고가 많다.

유행의 문제는 나의 주체적 선택이 아니라 다른 사람의 선택을 따른다는 점이다. 우리는 나보다 남에게 더 관심이 많다. 라캉은

"인간은 타자의 욕망을 욕망한다."라고 말했다. '사촌이 땅을 사면 배가 아프다.' '남의 떡이 더 커 보인다.' 같은 속담은 나보다 남의 시선에 내 삶의 기준이 맞춰져 있다는 걸 뜻한다. 나 자신에게 직접 물어보자. 나의 욕망은 무엇인가? 내가 원하는 것은 무엇인가? 난 어떤 성격이고 어떠한 환경에 잘 적응하는가?

영화를 보기 전에 인터넷 검색창에서 영화 정보와 네티즌 평점을 확인한다. 그러나 반드시 평점이 높다고 재미있지 않았고 내가 재미있게 보고 좋은 작품이라고 생각했던 영화는 평점이 6점대였던 적도 있다. 개개인은 성격도, 취향도, 자라온 환경도 다름을 인정해야 한다. 열 명 중 아홉 명에게 좋은 것이라도 나머지 한 명에게는 전혀 맞지 않을 수 있다. 타인의 취향을 욕망하면 평생을 타인의 시선에 맞춰 살아가야 한다.


## 인터넷 강의 vs 오프라인 학원


주변 사람들과 학생들이 나에게 "학원을 다녀야 할까?" "인터넷 강의를 들어야 할까?"라고 많이 물어본다. 요즘에는 배울 수 있는 시간과 공간에 제약이 없다. 인터넷 강의 사이트도 많고 오프라인 강좌도 다양하며 모바일로도 학습이 가능하다. 이 중에 옳고 그름은 없다. 나의 취향과 환경에 맞춰 가장 적절한 학습 형태를 선택하는 것이 정답이다.

나는 오프라인 학원보다 인터넷 강의가 잘 맞았다. 토익 학원이나 영어회화 학원은 한 번도 다닌 적이 없다. 인터넷 강의의 장점은 내가 원할 때 언제 어디서든 강의를 들을 수 있다는 것과 놓친 내용이나 취약한 부분을 반복 학습할 수 있다는 점이다. 또 항상 들고 다니는 스마트폰을 이용해 어플리케이션과 팟캐스트, 유튜브 등을 통해 무료로 제공되는 질 좋은 콘텐츠를 학습할 수 있었다.

반면에 철저한 자기 관리가 없다면 나태해질 수밖에 없다. 인터넷 강의를 들으려면 인터넷에 접속해야 하고 인터넷 아이콘을 누르면 각종 광고와 링크, 그리고 우리의 눈을 유혹하는 기사와 글이 넘쳐난다. 스마트폰에는 SNS, 게임 등 온갖 재밋거리가 우리를 유혹한다. 굳은 결심과 절제 없이는 시간을 낭비할 가능성이 크다.

오프라인 학원의 장점도 있다. 정해진 시간, 정해진 공간에서 배우기 때문에 규칙적인 학습이 가능하다. 집에서 공부할 때보다 독서실에서 공부할 때 집중이 더 잘 되는 이유는 공부하는 환경이 조성되어 있기 때문이다. 열심히 공부하는 다른 사람을 보며 동기 부여를 받을 수도 있다.

옆의 친구가 학원에 가든, 인터넷 강의를 듣든, 전화 영어를 하든 따라 할 필요는 없다. 먼저 자신이 어떤 스타일에 맞는지 스스로 물어보고 파악해야 한다. 가장 효과적인 방법은 '나에게 잘 맞는 방법'이다. 궁극적으로 의지해야 할 대상은 유명한 학원 교재도 인터넷 강의도 아니다. '나 자신'이다. 스스로에게 맞는 공부법을 찾고 꾸준하게 실천하는 것이 가장 중요하다. 나 스스로에게 묻고 답을 찾고 행동하자. 정답은 저 멀리에 있는 것이 아니라 내 안에서 발견하는 것이다. 철저하게 나의 욕망을 욕망하자.

**학원 vs 인강 장단점 비교**

| | 장점 | 단점 |
|---|---|---|
| 오프라인 학원 | · 정해진 시간에 정해진 곳으로 가야 하기 때문에 규칙적으로 공부할 수 있다. <br> · 공부하는 다른 친구들을 보며 동기부여를 받을 수 있고 스터디 모임으로 정보공유가 가능하다. | · 온라인 강의보다 상대적으로 비싸다. <br> · 학원으로 매번 직접 가야하는 번거로움이 있다. <br> · 한 명의 강사가 많은 학생을 다루기 때문에 직접적이고 상세한 소통이 힘들다. |
| 인터넷 강의 | · 시간과 장소에 상관없이 내가 원할 때 어디서든 강의를 들을 수 있다. <br> · 오프라인 학원보다 훨씬 저렴한 비용과 학원을 오가는 시간을 아낄 수 있다. <br> · 오프라인 강의와 달리 내가 원하는 만큼 반복 시청이 가능하다. | · 인터넷에는 우리를 유혹하는 흥밋거리가 너무 많다. 확고한 자제력 없이는 이러한 유혹에 휩쓸려 시간을 낭비하기 쉽다. <br> · 경쟁자나 다른 학습자가 눈에 보이지 않기 때문에 동기부여가 어렵고 다른 사람들과 정보공유가 힘들다. |

# 비행기에 오르면 영어 실력도 오를까?

생각대로 되지 않는다는 건 정말 멋진 것 같아.
생각지도 못했던 일이 일어난 거니까.
- 『빨간 머리 앤』 중에서

## 유학만이 답이 아니다

영어를 잘하기 위해서 반드시 해외로 나가야 한다고 말한다면 나는 이렇게 주장하겠다. 축구 선수가 되려면 브라질로 떠나라. 와인 소믈리에가 되려면 프랑스로 가라. 초밥 장인이 되겠다면 일본으로 가라. 무언가를 잘하기 위해 굳이 본고장으로 가야 한다는 법은 없다. 로마에 가면 로마의 법을 따르라고 했지 로마에 가면 라틴어를 잘한다는 말은 없는 것처럼.

해외에 가려는 이유는 이해가 된다. 해외에 나가면 외국인들이 가득하니 영어에 노출될 기회가 많을 것이고 그만큼 영어 실력이 늘 것이라고 생각하기 때문이다. 일리 있는 생각이지만 실제로는 그렇지 않은 경우가 훨씬 많다.

해외 유학이나 어학연수를 가장 많이 가는 나라는 미국, 캐나다, 뉴질랜드, 호주 등이다. 나는 캐나다 밴쿠버에 있었는데 약 15년 전인 그 당시에도 한국인은 굉장히 많았다. 밴쿠버가 큰 도시라서 그렇지 않을까 싶을 수도 있지만, 한국인을 피해 캐나다 도심에서 멀리 떨어진 위니펙으로 떠났던 친구가 편지를 보낸 적이 있다. "이 조그맣고 인구가 적은 곳에도 한국인이 바글댄다. 이 세상에 한국인이 없는 곳은 없더라."

의외로 한국인들이 없는 곳은 찾기 힘들다. TV 프로그램 〈정글의 법칙〉에 나오는 무인도 정도는 가야 할 것이다. 결론은 한국인을 피할 수 있는 곳은 거의 없거나 찾기 힘들고 해외 어디를 가든 한국인들과 함께 살아가게 된다. 그런 환경 안에서 우리는 어렵고 힘든 영어를 쓰면서 외국인들에게 무시당하거나 창피를 당하는 것보다는 편하고 쉬운 우리말로 소통하고 공감할 수 있는 한국인들과 어울려 지내게 된다. 해외로 어학연수나 워킹 홀리데이를 떠난 경험이 있는 사람이라면 백이면 백 공감할 것이다.

해외에 오래 있었다고 무조건 영어를 잘하는 것은 아니다. 캐나다에서 만난 호준이는 이민온 지 10년 된 영주권자였다. 초등학교 때 와서 10년을 있었으니 원어민과 다를 바 없을 거라고 생각했다. 하지만 이상하게도 호준이가 영어를 쓰는 모습은 잘 보지 못했다. 호준이는 항상 한국인 친구들과 어울리고 집에서는 한국 영화와 예능 비디오를 빌려봤다. 몸은 해외에 있지만 마음과 정신은 한국에 있는 것과 다를 바 없었다. 얼마 뒤 호준이가 영어 쓰는 모습을 처음으로 보았는데 한국에서 영어 조금 하는 대학생과 별다를 바 없는 수준이었다. 나는 그때 해외에 오래 있다고 무조건 영어를 잘하는 건 아니라는 걸 똑똑히 깨달았다.

## 스스로의 힘으로 습득하라

어학연수와 유학은 짧은 시간 안에 큰 비용을 들여 떠난 만큼 소기의 목표 달성을 위해 절제와 인내가 절대적으로 필요하다. 캐나다 유학 시절 민호라는 한국인 형이 있었다. 처음에는 그 형이 한국인이라는 사실을 알지 못했다. 한국 친구들과는 어울리지 않았고 캐나다 사람들이나 다른 아시아인 친구들과 다녔기 때문이다. 나중에 그 형과 친해져서 전후 사정을 알게 됐다. 민호 형은 당시 20살이었고 한국에서 고등학교 졸업 후 뒤늦게 캐나다 고등학교로 학년을 낮춰 편입했던 것이다. 형은 영어 실력 향상이 절실

했기 때문에 일부러 한국 사람들과의 접촉을 피하고 캐나다 사람들이나 다른 아시아인들과 어울렸다고 한다. 처음에는 영어로 소통이 잘되지 않아 고통스럽고 힘들어 향수병과 우울증까지 걸렸다고 한다. 하지만 마지막 기회라고 생각하고 온 외국이었기에 그 고통과 괴로움을 견디고 영어에 몰두할 수 있었다고 했다.

해외에서의 생활은 생각보다 외롭고 고통스럽다. 언어, 문화, 음식, 날씨 등 지금까지 살아왔던 환경과는 너무도 다른 점이 많다. 외로워서 우울증이 생기거나 향수병에 젖어 매일 술과 유흥에 빠지는 사람들을 많이 봤다. 자신이 이곳에 온 목적과 이유를 잊고 하루하루를 허비하는 사람들이 생각보다 많다.

1년에 수천만 원이 드는 비용도 큰 문제다. 내가 유학을 떠났을 때 부모님이 나에게 숨겼던 사실은 당시 우리 집이 나를 유학 보낼 형편이 아니었다는 것이다. 잠시 아버지 사업이 잘 풀리고 있다고 생각한 나는 아무 생각 없이 가방을 싸고 즐거운 마음으로 떠났다. 하지만 부모님은 그런 나를 뒷바라지하기 위해 1년에 학비 1000만 원, 홈스테이비 1000만 원, 생활비 1000만 원, 1년에 약 3000만 원을 고스란히 바쳐야만 했다.

다시 한국으로 돌아왔을 때 나 때문에 풍비박산 난 집의 상황을 보고 큰 충격을 받았다. 내 뒷바라지 때문에 집안 형편은 훨씬 더 안 좋아졌고 빚도 불어났으며 결국 일곱 평짜리 단칸방으로 이

사를 가야만 했다. 그런 사정도 모른 채 혼자서 즐기고 놀면서 보냈던 시간들이 죄스러웠다. 부모님의 피와 땀과 눈물이 내가 마음 편히 보낸 시간들의 거름이었다. 만약 그때로 돌아갈 수 있다면 난 절대로 어학연수를 떠나지 않았을 것이다. 부모님의 어깨를 짓누르지 않고도, 그만한 비용을 들이지 않아도 영어는 얼마든지 스스로의 힘으로 습득할 수 있기 때문이다.

비용과 시간이 충분하다면 좋겠지만, 그렇지 않다면 무리하게 해외로 나가는 것은 반대한다. 6개월에서 1년 정도의 단기 어학연수로 얻을 수 있는 영어 실력은 그 비용의 100분의 1로 국내에서 얼마든지 습득할 수 있다.

나는 한국에 돌아와 훨씬 더 많은 시간을 쏟고 땀을 흘리며 영어에 매진했다. 그때의 나와 지금의 나의 영어 실력은 비교할 수도 없을 만큼 성장했다. 국내에서도 노력만 하면 얼마든지 영어 실력을 키울 수 있을 뿐만 아니라 최상위 수준까지도 습득이 가능하다는 것을 스스로 깨닫고 증명해냈다.

어학연수 콤플렉스는 던져버리자. 영어를 배우려면 외국으로 나가야 한다는 말은 이제 핑계에 불과하다. 해외에 나가지 않고도 해외에 다녀왔던 사람보다 영어를 더 잘하게 된다면 그 모습이 훨씬 멋지지 않을까? 오늘 말한 실패의 핑계는 내일 있을 실패의 이유만 될 뿐이다.

# 해외에 나가지 않고 한국에서 어학연수하기

## 1. 어디에 있는가 보다 누구와 있느냐가 중요하다.

해외에 나가는 궁극적인 목표는 더 오랜 시간 영어를 쓰기 위해서이다. 국내에서 영어를 말하고 쓰는 절대 시간을 늘린다면 어학연수의 효과를 누릴 수 있다. 영어 스터디나 모임에 나가서 영어로 말하고 생각하는 시간을 늘리자. 또 외국인 친구들을 사귀어서 그들과 이야기하는 시간을 갖자. 영어 실력을 키우는 힘은 '어디에 있느냐'보다 '누구와 있느냐'이다.

## 2. 채팅을 활용하라.

인터넷과 SNS를 사용하면 꼭 외국에 나가지 않더라도 많은 외국인들과 소통이 가능하다. 페이스북이나 인스타그램 등 SNS를 통해 외국인 친구를 만들고 채팅을 통해 소통해보자. 채팅은 우리가 일상생활에서 평소에 사용하는 말로 소통하기 때문에 딱딱한 문어체가 아닌 구어체를 배울 수 있다.

### 3. 유튜브와 팟캐스트를 사용하라.

유튜브와 팟캐스트에서는 질 좋은 콘텐츠를 무료로 제공한다. 나도 많은 유튜브 채널과 팟캐스트를 통해서 매일 새로운 표현을 공부하고 있다. 이러한 채널을 이용하면 큰 비용을 들이지 않고도 영어 실력을 쌓을 수 있다. 돈을 많이 들인다고 영어를 잘하게 되는 것이 결코 아니다. 무심코 스쳐 지나갔던 것들을 관심을 가지고 100% 활용해보자.

### 4. 외국인 친구를 사귀어라.

한국에는 영어를 사용하는 외국인이 많다. 나는 외국인 교환 모임에 나가거나 친구 소개로 외국인 친구들을 사귀었다. 나는 외국인 친구들에게 한국어를 가르쳐주었고, 그들은 나에게 영어를 가르쳐주며 서로 도움을 주고받았다. 주기적으로 만날 수 있는 외국인 친구 몇 명만 있어도 유학의 효과를 누릴 수 있다. 그들은 낯선 외국 땅에 와서 한국인들과 친해지고 싶어 하기 때문에 마음이 열려 있는 편이다. 걱정하지 말고 먼저 다가가서 말을 걸어보라. 그들은 활짝 웃으며 기다렸다는 듯 당신의 친구가 되어줄 것이다.

# 한국어 없이는 영어도 없다

또 다른 언어를 할 줄 아는 것은
두 번째 영혼을 갖게 되는 것이다.
- 샤를마뉴

## 서술 기억과 절차 기억을 인지하자

　말을 먼저 배워야 할까, 글을 먼저 배워야 할까? 배움의 순서에 대해서는 논란이 많다. 과연 우리는 무엇을 먼저 배워야 할까? 이 문제에 대한 답은 우리가 모국어를 어떻게 익히게 되는지 그 과정을 더듬어보면 쉽게 알 수 있다. 말을 먼저 배우면 쉽게 글을 읽고 쓸 수 있지만, 글을 먼저 배우고 나서 말을 배우면 자연스럽게 말하기가 더 어렵다. 따라서 모국어를 배우는 방법과 동일하게 외국어를 배워야 한다.

**원어민의 뇌 사용 영역과 외국어 학습자의 뇌 사용 영역**

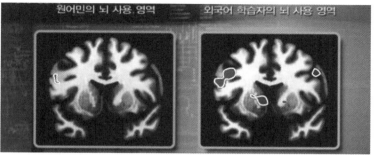

출처 : KBS스페셜 〈당신이 영어를 못하는 진짜 이유〉

　우리의 기억은 크게 '의식적인 서술 기억'과 '무의식적인 절차 기억'으로 각각 뇌에 저장된다. 서술 기억은 사람, 사건, 사실, 지식 등 한 번만 정보를 습득하면 바로 저장이 가능한 것이고 뇌의 바깥쪽(오른쪽 사진)에 저장된다. 반면에 절차 기억은 기술, 습관, 악기 연주 등 오랜 시간 연습을 통해 만들어진 기억으로 뇌의 안쪽 부위(왼쪽 사진)에 저장된다. 우리가 외국어를 배우면 서술 기억에 저장된다(오른쪽 사진). 반대로 원어민들은 절차 기억에서 무의식적으로 그때그때 꺼내 쓴다. 우리는 한국어를 내뱉을 때 '이것은'인지 '이것을'인지 생각하지 않고 자연스럽게 문법과 어휘가 어우러져 나오는 모습을 생각하면 이해하기 쉽다. 하지만 외국어를 내뱉을 때는 의식적으로 서술 기억에 저장된 문법과 단어를 끄집어내려니 시간이 오래 걸리고 복잡한 것이다.

## 외국어를 모국어로 만드는 방법

앞에서 모국어와 외국어를 기억하는 뇌의 부위는 다르다고 말했다. 하지만 연습과 훈련을 통해 외국어도 모국어처럼 절차 기억을 담당하는 뇌로 이동시킬 수 있다. 외국어를 모국어처럼 습득할 수 있는 방법은 두 가지다.

첫 번째는 반복적으로 자극하는 것이다. 성장기 아이의 뇌가 굳기 전 말랑말랑한 찰흙이라면 성인의 뇌는 이미 딱딱하게 굳은 찰흙이다. 이 찰흙에 영어라는 글씨를 새기려면 끝없이 쇠로 긁고 부시며 반복해야 한다. 성인이 되어 제 2외국어로 영어를 배우는 우리에게는 이 방법밖에 없다. 머릿속에 새겨질 때까지 계속해서 반복하는 것이다.

두 번째는 감정을 자극하는 것이다. 반복 학습과 함께 감정을 자극해야 한다. 우리가 기억하는 사건을 떠올려보면 굉장히 행복했던 기억이나 슬펐던 기억이 대부분이다. 감정이 들어가면 장기 기억으로 넘어가 기억에 오래 남는다. 문장을 외울 때 그 상황을 머릿속에 그리며 감정을 이입해야 한다. 현재 내 상황에 맞거나 잘 이해할 수 있는 예문으로 바꿔서 외우면 더 오래 기억할 수 있다.

## 조기 영어 교육은 고비용·저효율의 교육

영어 조기 교육을 뒷받침하는 '결정적 시기' 가설은 모국어를 배우는 상황에만 적용되는 이론이다. 외국어 학습에 적용해 효과를 봤다는 학문적 증거는 없다. 우리나라는 영어를 모국어로 사용하거나(미국, 영국) 제 2언어로 사용하는 나라(필리핀, 인도 등)와는 달리 영어를 일상적으로 접할 기회가 거의 없다. 이런 환경의 차이를 고려하지 않고 무리하게 자녀의 영어 교육을 계획하고 실행하면 전형적인 '고비용·저효율'의 교육이 되기 쉽다. 우리나라 같은 영어 학습 환경에서는 무조건 일찍 시작하는 것보다는 충분한 모국어 습득, 이해력 발달, 영어 학습에 대한 동기부여 등이 갖춰졌을 때 시작하는 게 훨씬 효과적이다. 영어 교육은 조기 교육이 아니라 적기 교육이 중요하다는 얘기다.

– "영어교육 빠를수록 좋다? 모국어 습득 안 되면 비효율적"

(『세계일보』, 2011.10.3.)

대한민국은 영어 조기 교육 열풍이다. 하지만 모국어 체계가 확실히 자리 잡히지 않은 이른 나이에 외국어를 접하는 것은 오히려 위험하다. 자칫하면 모국어와 외국어 모두 어설프게 익힐 수 있기 때문이다.

내가 가르친 학생 중 수연이는 조기 교육의 산 증인이었다. 한글을 다 떼기 전인 네 살 때부터 영어 유치원에 다녔고 엄마의 교육열로 인해 어려서부터 유명한 영어 조기 교육을 다 받았다. 그러나 수연이는 영어 실력 이전에 한국어 능력에 문제가 있었다. 수연이는 영어뿐만 아니라 한국어도 서툴고 어눌했다. 말을 더듬거리고 자기 생각을 조리 있게 말하지 못했다. 모국어 언어 시스템 체계가 어렸을 때 잘 자리 잡지 못해서 독해력이나 어휘력이 부족했다. 한글로 된 책을 잘 읽지 못하니 영어로 된 책도 잘 읽을 리 만무했다.

이처럼 모국어 언어 체계가 확실히 잡히지 않은 상태에서 무조건 영어를 가르치면 한계가 있다. 평소에 한국어를 정확히 익히고 좋은 책을 많이 읽는 것이 영어를 배우는 데 더 효과적이다.

우리는 처음으로 "엄마"라는 단어를 말하기 위해 2만 번의 시도를 한다. 세계에서 가장 어려운 언어 4위인 이 언어를 홀로 습득했고 모국어로 가지고 있다. 우리는 한국어를 따로 힘들여 배운 기억이 없기 때문에 쉽게 배웠다고 착각한다. 하지만 우리 인지능력이 다 발달되기 이전에 자연스럽게 듣고 말하며 익힌 한국어는 다른 외국인이 배우기에 참으로 어려운 언어다. 이 위대한 한국어를 하는 우리는 위대하다. 그런 우리가 영어를 배우지 못할 하등의 이유는 전혀 없다. 영어 앞에서 주눅들 때 항상 한국어를 습득했다는 자긍심을 잊지 말자.

# 2장

# 무명배우,
# 인생 밑바닥에서
# 영어를 시작하다

# 영어를 예술이라고 생각하면 쉽다

아무런 위험을 감수하지 않는다면
더 큰 위험을 감수하게 될 것이다.
- 에리카 종

## 언어는 변하는 생물이다

영어는 공부이기 전에 언어이고, 언어이기 전에 예술이다. 언어
는 정지하지 않고 끊임없이 변한다. 사람들이 쓰지 않으면 역사
속으로 자취를 감추기도 하고 그 시대에 많은 사람들이 특정 단어
를 만들어 사용하면 신조어가 생기기도 한다.

2000년대 초반 '엽기'라는 키워드가 대한민국을 강타했다. 엽
기는 사전상 '비정상적이고 괴이한 일이나 사물에 흥미를 느끼고
찾아다닌다.'라는 뜻이다. 그 전에는 잘 사용하지 않는 단어였지

만 눈 꼬리가 처진 '마시마로'라는 이름의 흰색 토끼가 '엽기토끼'라는 캐릭터로 유명해졌고 전지현과 차태현 주연의 영화 〈엽기적인 그녀〉까지 흥행에 성공하면서 엽기는 대한민국을 강타했다. 또한 '안습' '얼짱' '몸짱' '셀카' 등의 유행어가 생겨났다. 신조어는 계속해서 탄생하고 있다. 어른들은 요즘 10대들이 쓰는 말을 아예 알아듣지도 못할 정도다. 언어가 얼마나 빨리 변하는지는 조금만 세월이 흘러도 체감할 수 있다. 최근에는 영어와 한국어의 합성어도 많아졌다.

'더럽(정말 좋을 때 사용하는 말)The Love, not dirty' '케바케(경우에 따라 다르다)case by case', '극딜(심하게 피해를 입은 상황)極+damage dealing, '케미갑(두 사람 관계가 매우 잘 어울림을 뜻함)chemistry+甲 등의 신조어들이 넘쳐흐른다. 우리나라만 이럴까?

캐나다에 가서 MSN이라는 채팅 메신저를 사용하게 됐다. 외국 친구들과 채팅을 하는데 낯선 외계어에 당황했다. 'lol' 'brb' 'asap' 'cuz' 'hand'. 처음에 웃는 줄임말을 쓰려고 한국에서 쓰던 'ㅋㅋㅋ'를 그대로 영어화해 'kkk'를 보냈더니 친구가 놀랬다. kkk는 미국 백인 우월주의 집단을 가리키는 용어였던 것이다. 이런 언어와 문화적 차이로 웃지 못할 일이 많이 발생한다. 언어는 간편함과 실용성을 추구한다. 복잡함보다는 간편하게 전달할 수 있느냐, 말하는 사람과 듣는 사람이 서로 이해하고 공감할 수 있느냐에 따라 진화하고 발전한다.

## 영어로 채팅할 때 많이 쓰는 줄임말

- 2mrw(Tomorrow) : 내일
- ASAP(As soon as possible) : 가능한 빨리, 조속히
- BRB(be right back) : 잠깐 나갔다 올게.
- CU L8R(See you later) : 나중에 봐, 또 만나.
- CUZ/COS(Because) : 왜냐하면
- GTG/G2G(Got to go) : 가야 해.
- IC(I see) : 그렇구나.
- LOL(Laugh out loud) : 큰소리로 웃음
- THX/thnx(Thanks) : 고마워.
- TTYL(Talk to you later) : 나중에 얘기하자.

# 언어는 사용하지 않으면 사라진다

언어는 다른 동물들과 달리 인간만이 가진 고유한 능력이다. 누가 가르쳐주지 않아도 자라면서 스스로 듣고 보고 익히며 언어를 배운다. 전 세계에는 7000여 개의 언어가 있는데 인구의 95%가 그중 400개의 언어를 사용하고 불과 6%가 6600개를 사용한다. 2

주마다 하나의 언어가 사라진다는 놀라운 사실도 있다. 언어는 사용하는 사람이 많아지면 새로 생기기도 하지만 반대로 사용하는 사람이 없어지면 영영 사라져버리기도 한다.

언어학자이자 인류학자인 『아무도 모르는 사이에 죽다』의 저자인 니컬러스 에번스는 호주 원주민들의 언어를 연구한 학자다. 에번스가 찾아간 부족 중에는 자신들의 언어를 사용하는 사람이 겨우 몇 명에 불과한 곳도 있었고 심지어는 마지막 한 명 남은 언어 사용자를 만날 때도 있었다. 한 부족의 마지막 언어 사용자를 만나 녹음을 하면서 그는 이 세상에서 곧 사라질 언어의 마지막 소리를 듣는 사람이 되었다. 그 부족의 젊은 세대는 교육과 취업 등 사회생활 때문에 어려서부터 영어를 배웠고 더 이상 자신들의 고유 언어를 사용할 필요가 없어졌다.

세계 언어학계에 따르면 우리나라의 제주도 방언도 사라질 위험에 처한 언어라고 한다. 언어를 사용하는 사람들이 없어지면 그 언어도 자연스럽게 역사 속으로 자취를 감추게 된다. 언어는 사람들의 필요에 의해 존재한다.

# 언어는 예술의 도구다

언어가 예술인 이유는 감정을 표현하는 도구라는 점 때문이다. 연기할 때 가장 중요한 것은 무엇보다 '말'이다. 배우는 대사라는 말 안에 생각과 감정을 담아 전달한다. 이때 말의 내용, 끊어 읽는 간격, 톤과 억양에 따라 의미는 완전히 달라지기도 한다.

건국대 영화과 조성덕 교수는 "배우는 대사를 올바르게 해결하는 전문가다."라고 말했다. 상대방과 정해진 대사를 주고받고 감정과 생각을 전달하며 행동하며 보는 이들에게 감동을 선사하는 것이다. 노래 또한 가사, 즉 말을 멜로디로 전달한다. 나는 가수 윤종신의 가사를 특히 좋아하는데 그의 가사는 평범한 일상을 노래하지만 듣는 이들로 하여금 깊이 공감하게 만드는 능력이 있기 때문이다. 이것이 바로 예술 안에서 말이 가져다주는 놀라운 힘이다.

"What the heart thinks, the mouth speaks(마음이 생각한 일은 입이 말하기 마련이다)."

말과 언어를 통해 우리의 감정을 전달하고 타인의 감정을 자극할 수 있다는 것. 그래서 언어는 예술이고 영어도 예술이다.

장 미셸 바스키아는 마치 어린아이가 낙서한 것 같은 화법으로 유명한 화가다. 그림에 만화적인 느낌을 해학적으로 잘 표현하여 팝아트 분야에서 앤디 워홀과 함께 천재적인 작가로 인정받았다.

바스키아는 미국 뉴욕의 거리와 지하철에 벽화를 많이 그렸는데 주로 인종차별, 죽음, 마약에 대한 주제를 거침없이 담아내 '팝아트계의 검은 피카소'라 불렸다. 누군가는 낙서라고 치부했지만 훗날 많은 이들에게는 예술로 다가왔다.

백지 위에 영어라는 물감으로 나만의 생각과 감정을 칠해보자. 처음에는 당연히 서툴 수밖에 없다. 시작은 낙서여도 예술로 마무리하면 된다. 틀리면 고치면 되고 다음에 더 잘하면 된다는 자유로움이 우리 마음 안에 내재되어 있을 때, 영어를 대하는 태도가 좀 더 유연해진다.


## 영어는 연습과 훈련이다

배우라는 직업은 많은 훈련을 한다. '배우가 무슨 연습을 할까?' 하는 생각이 들겠지만 배우만큼 많은 연습이 필요한 직업도 드물다. 배우란 언어를 통해 우리 삶 속의 내밀한 감정을 표현하고 전달하는 직업이기에 사람의 감정을 이해하는 법, 희로애락의 감각을 키우는 법, 대사 전달력을 위한 호흡과 발성 훈련이 필요하다.

배우 박신양은 지금의 연기력을 갖추기까지 수많은 시간을 연습하고 땀 흘리며 보냈다. 그는 탑배우가 된 지금도 자신만의 방법으로 릴렉세이션(배우들이 연기하기 전 신체에 긴장이 풀어져 있는 상태)relaxation, 감각 기억, 흉내 내기와 소리 연습을 쉬지 않고 매일 하고 있다고 한다. 지금의 박신양을 만든 그 바탕을 알 수 있었다.

미국에 사는 카렌 쳉은 자신이 1년 동안 춤을 연습하는 과정을 유튜브에 올렸다. 첫째 날에는 몸도 거의 움직이지 못하고 쭈뻣쭈뻣하지만 한 달, 두 달 시간이 지날수록 점점 발전한다. 그녀는 1년 만에 전문 댄서 못지않은 실력을 뽐냈고 TED와 〈퀸 라티파 쇼〉에 나가 많은 사람들에게 영감을 주었다. 그녀는 "사람들은 슈퍼스타들의 현재의 모습을 보고 감탄하지만 그들의 시작에는 별로 관심이 없어요. 다들 처음에는 어설프고 넘어지고 실수하죠. 저는 춤을 잘 추고 싶었고 1년 동안 꾸준히 연습했어요."라고 말했다.

우리에게 영어는 책상에 앉아서 5형식을 외우고 독해 지문을 해석하고 단어를 외우는 힘들고 지겨운 공부다. 하지만 영어는 공부이기 전에 철저한 연습과 훈련이다. 매일 반복적으로 특정 부분을 갈고 닦아야만 실력이 향상될 수 있다. 연습이란 늘 새롭고 즐거운 것이 아니라 굉장히 단순히 반복적이고 지루한 것이다. 영어를 잘하기 위해서는 이러한 연습을 사랑하는 방법밖에는 없다.

# 영어는 눈빛으로 말한다

언어는 존재의 집이다.
- 마르틴 하이데거


## 영어의 시작은 눈이다

어렸을 때 힙합을 좋아하면서 같은 흑인 음악 카테고리에 있는 알앤비 소울 음악에도 심취했었다. 특히 '조데시'라는 형제 듀오를 무척 좋아했다. '흑인들은 어떤 유전자를 타고났기에 랩도 잘하고 노래도 잘하지?' '다음 생애에는 꼭 흑인으로 태어나고 싶다.'라고 생각했다. 그들처럼 노래를 잘하고 싶어 복식호흡을 배우기도 했다. 처음에는 아무것도 모르고 배로 소리를 내야 하는구나 하고 열심히 배를 튕겼다. 소리는 목 안 성대의 울림을 통해 나온다. 복부의 호흡으로 성대를 편안하게 해주고 뱃심을 이용해 호흡을 성대로 끌어올려 또렷한 소리를 내게 도와주는 것이 복식호흡이다.

노래에서의 출발이 복식호흡이라면 영어의 출발은 눈이다. 우리는 대화할 때 상대방의 눈을 바라본다. 이는 상대방의 말을 듣고 있다는 표시이자 대화에 집중하고 있다는 관심의 표시다. 우리가 눈을 마주치지 않을 때는 언제일까? 낯선 사람과 만나 이야기할 때, 면접이나 오디션에서 심사위원 앞이라 주눅이 들었을 때, 좋아하는 이성 앞에서 부끄러울 때. 눈을 마주치지 않으면 소통이나 교감을 할 수 없다. 마찬가지로 영어를 하거나 외국인을 만났을 때 우리는 자신감을 잃고 눈을 마주치지 못한다. 상대방은 자기에게 관심이 없거나 대화하고 싶지 않다고 오해하고 시작하기도 전에 대화는 끊겨버린다.


## 연기 연습에서 영어의 답을 찾다

배우는 눈빛이 생명이라고 말한다. 대사가 없어도 눈빛을 통해 분노, 고통, 절규, 환희의 감정을 표현해야 좋은 배우라고들 한다. 처음 오디션을 봤을 때 긴장하지 않기 위해 사용했던 나만의 방법이 있다. 유명 감독들의 얼굴 사진을 프린트해서 벽에 붙여놓았다. 그리고 그들 앞에서 오디션을 보는 가상의 리허설을 해본 것이다. 그러니 다음번 오디션부터는 긴장도 덜 되고 심사위원들의 눈도 똑바로 바라볼 수 있었다. 눈을 바라보는 연습도 필요하다는 걸 깨달았다.

연기를 시작했을 때 상대방의 눈을 바라보는 게 어려웠다. 특히 아직 낯선 사람을 사랑스런 눈빛으로 바라보며 연인 연기를 하는 게 참 힘들었다. 그래서 좋아하는 여배우들의 사진을 노트북 화면에 띄워놓고 동공을 똑바로 바라보면서 대사 연습을 했다. 그 방법이 도움이 돼서 그 다음 촬영부터는 그 누구의 눈도 피하지 않고 마주칠 수 있었다.

'눈을 바라보는 연습'의 효과는 영어에서도 드러났다. 나는 외국인과 이야기할 때 그의 눈을 바라보며 또박또박 천천히 말을 이어 나갔다. 그러면서 상대방의 반응과 감정을 살피려고 애썼다. 그러자 서툰 영어에도 외국인은 나의 의도와 마음을 잘 이해해주었다. 유창한 영어 실력은 아니었지만 '우리는 통한다'는 느낌을 받은 것이다.

우리나라 영어 교육에서는 듣기, 말하기 등의 아웃풋을 중요시할 뿐, '눈'을 강조하지는 않는다. 발음이 얼마나 좋은지, 얼마나 정확한 문장을 구사하는지 등을 영어 실력의 기준으로 본다. 하지만 영어는 의사소통을 위한 하나의 도구이다. 혼자서 잘 말하는 것보다는 상대방과 '얼마나 잘 소통하고 있는지'가 더 중요하다.

눈은 말로 표현할 수 없는 많은 것을 담는 신체다. 상대방의 영어를 알아듣기 힘들다 해도 진심을 다해 눈을 바라보고 있으면 상대방의 생각과 감정을 파악할 수 있어 감정에 공감하고 의사소통을 하는 데 큰 도움이 된다.

## 트라이앵글 시선 처리법

동방예의지국인 우리나라에서는 상대방의 눈을 오랫동안 쳐다보는 것을 실례로 여긴다. 하지만 서양에서는 대화를 할 때 눈을 쳐다보지 않는 것이 예의 없는 행동이다. 'Eyes are windows to the soul(눈은 마음의 창이다).'이라는 미국 속담이 있다. 눈을 바라보는 것은 상대에 대한 관심이자 경청의 표시라고 생각하기 때문이다.

첫 만남은 눈의 마주침으로 시작한다. 당당히 눈을 마주치지 못하고 피하거나 내리깔면 자신감이 없고 솔직하지 못한 모습으로 비춰지기 쉽다. 이는 영어에만 해당되는 이야기가 아니라 여러분이 살면서 경험할 모든 만남에 좋은 첫인상을 남길 수 없다는 이야기다. 이성과의 소개팅, 회사 면접, 배우 오디션 등 낯선 사람들과의 만남에서 자신 있는 눈빛은 당신을 자신감 넘치고 매력적인 사람으로 느끼게 만든다.

눈을 마주보는 게 어색하다면 트라이앵글 시선처리법을 활용해보자.

1. 상대방의 왼쪽 눈을 3초 동안 바라본다.
2. 상대방의 오른쪽 눈을 3초 동안 바라본다.
3. 상대방의 콧등을 3초 동안 바라본다.

사람은 자신의 눈 사이를 보고 있어도 눈을 보고 있다고 느끼기 때문에 눈을 바라보는 것이 부담스럽다면 이 방법이 효과적이다.

나의 영어 실력이 부족하더라도 상대방의 눈을 당당히 바라보자. 영어를 못한다는 사실이 당신의 자존감을 떨어뜨리는 일이 될 수는 없다. 소통은 자신감 있는 눈빛에서 시작된다.

# 자신감은 자신을 아는 것에서 시작한다

어디로 배를 저어야 할지 모르는 사람에게는
어떤 바람도 순풍이 아니다.
– 미셸 드 몽테뉴

## 나를 아는 힘, 메타인지

　EBS 다큐멘터리 〈왜 우리는 대학에 가는가〉에서 상위 0.1% 성적의 학생 그룹과 보통 성적의 학생 그룹, 두 그룹을 대상으로 25개의 단어를 기억하는 단어 기억 실험을 했다. 주어진 25개의 단어를 3초간 듣고 3분 동안 기억나는 대로 적는 실험이었다. 이 실험의 목적은 단어를 얼마나 많이 기억하느냐가 아니라 내가 외울 수 있다고 생각한 단어의 개수와 실제로 외운 단어의 개수를 비교하는 메타인지 실험이었다. 결과는 놀라웠다. 상위 그룹과 보통 그룹

모두 평균 8개를 외워서 외운 단어 개수에는 차이가 없었다. 하지만 눈에 띄는 다른 점이 있었다.

보통 성적의 학생들은 자신이 외울 수 있다고 생각한 개수보다 훨씬 적은 단어를 외운 반면 상위 성적의 학생들은 오차 범위 없이 자신이 외울 수 있다고 생각한 개수만큼 단어를 외웠다. 즉, 성적의 차이는 얼마나 많은 단어를 외웠느냐가 아니라 자신이 몇 개의 단어를 외울 수 있는지 아는 능력에서 나타나는 것이었다.

실제로 연구 결과에 따르면 성적이 높은 학생일수록 이마 뒤 전전두엽에 회백질이 많았고 메타인지가 높은 학생일수록 전전두엽의 피질이 훨씬 더 두꺼웠다. 뇌 과학적으로 '메타인지=높은 성적'이 입증된 것이다. 또한 상위권 학생들일수록 자신의 실제 성적보다 공부를 못한다고 느낀 반면 하위권 학생들은 자신의 성적보다 공부를 더 잘하고 있다고 착각하는 경향이 뚜렷했다.

네덜란드 라이덴 대학의 베엔만 교수는 25년 동안 연구한 결과, IQ(25%)보다 메타인지(40%)가 성적을 더 잘 예측하는 변수였다고 말한다.

영어를 잘하는 사람과 못하는 사람의 차이는 '자신의 현재 영어 실력의 수준을 정확히 알고 있느냐, 알고 있지 못하느냐'에서 출발한다. "영어 실력이 어느 정도인가요?"라는 질문에 자신 있게 대답할 수 있는 사람은 많지 않다. 외국인과 대화해보고 내가 어떤 내용을 이야기할 수 있는지, 영어 원서를 어느 수준까지 읽을 수 있는지, 내가 알고 쓸 수 있는 단어는 몇 개인지 먼저 파악해보아야 한다. 지금의 내 상태를 알고 있어야 다음 단계의 목표와 계획을 수립하고 행동으로 옮길 수 있다.

## 나를 바라보는 '제 3의 눈'

우리가 생각하는 것을 인지라 하고 이 인지를 바라보는 또 다른 눈을 메타인지라고 부른다. 즉, 나를 제 3자의 눈으로 객관화시켜 자신이 알고 있는 것과 안다고 착각하는 것을 구분할 수 있는 능력을 메타인지 능력이라고 한다. 이는 인간만이 가진 특성으로, 이 특성으로 인해 인간은 더 많이 안다고 잘 아는 것이 아니라 자기가 모른다는 걸 알아야 더 잘 알게 된다.

가장 중요한 건 자신을 객관적으로 아는 것이다. 자신에게 부족한 점을 정확히 알고 이를 부인하지 않고 열등감마저 받아들이며 사는 것과 그렇지 않은 것의 차이는 상당히 크다. 열등감이 있다는 건 한편으로는 긍정적인 신호다. 그만큼 자기 자신을 잘 알고 있다는 뜻이기 때문이다.

— 『스스로 빛나는 배우를 찾습니다』 중에서

메타인지 능력은 다른 사람에게 설명해주는 과정을 통해 키울 수 있다. 설명을 해보면 내가 알고 있는 것과 모르는 것의 구분이 명확해지고 내가 알고 있는 지식들이 인과관계, 즉 원인과 결과를 그리면서 연결된다. 이렇게 설명을 통해 아는 것과 모르는 것이 구분되고 나에게 필요한 것과 필요 없는 것이 정리되는 것이다.

# 영어 메타인지 훈련법

## 1. 셀프 테스트를 한다.

우리가 무언가를 배울 때 가장 많이 하는 실수는 한 번 읽고 이해가 되면 안다고 착각하는 것이다. 내가 진짜 알고 있는지 확인하기 위해서는 셀프 테스트를 해봐야 한다. 외운 영어 문장을 다시 직접 말해보고 배운 단어를 테스트해야 내가 단순히 이해하고 있는 것과 정확히 알고 있는 것이 구분된다. 우리가 셀프 테스트를 피하는 이유는 틀렸을 때 느끼는 좌절감 때문이다. 단순히 반복해서 내용을 읽는 것은 특별히 좌절감을 주지 않지만 문제를 풀고 틀렸을 때는 스트레스를 받는다. 쉽게 배우려 하지 말자. 배움은 힘들수록 기억에 더 오래 남는다. 어렵게 공부하면 잊는 것도 어렵다.

## 2. 혼자만의 복습 시간을 갖는다.

학원에 가서 앉아 있고 인터넷 강의를 들으며 컴퓨터 앞에 앉아 있다고 공부를 하는 것은 아니다. 무언가를 듣고 받아 적는 행위는 수동적인 행위다. 남이 설명해주는 내용을 들으면 다 이해가 되고 알고 있는 것처럼 느껴지지만 그것은 착각이다. 진짜 공부는 수업을 듣는 시간이 아니라 들은 것을 내 것으로 만드는 시간이다. 나 혼자 공부하고 복습하는 절대 시간을 확보해야만 성장할 수 있다. 단순히 이해한 것과 아는 것은 명확히 다르다.

### 3. 배운 내용을 설명해본다.

생각을 말로 표현하고 다른 사람에게 설명해보면 사고가 명확해지고 자신이 배운 것을 더 오래 기억할 수 있다. 혼자 생각할 때는 막연히 알고 있다고 생각하지만 막상 말로 표현하려면 쉽지 않다. 그것은 '아는 것'이 아니라 '안다고 착각하는 것'이다. 말로 표현하기 위해서는 이해를 바탕으로 머릿속의 내용이 잘 정리되어야 한다. 강의를 들었을 때는 5%, 책을 읽었을 때는 10%가 기억에 남지만 서로 가르쳤을 때는 90%가 기억에 남는다고 한다.

즉 'Thinking out Loud(소리 내 생각하기 공부법)' 습관을 가져야 한다. 우리나라의 교육은 질문을 배제하고 일방적으로 주입하는 교육이었다. 메타인지를 쌓기 위해서는 모르는 것을 질문하는 데 두려워하지 말아야 한다. 자신이 이해하지 못한 것을 적극적으로 표현해야 모르는 것을 배울 수 있다. 모르는 것은 질문하고 아는 것은 설명해야 한다. 말이 곧 생각이다.

# 영어, 목표를 구체적으로 세워라

자신의 꿈을 먼저 정하라.
그리고 그 꿈을 날짜와 함께 적어놓으면 그것이 목표가 되고
그 목표를 잘게 나누면 계획이 되고
그 계획을 날마다 조금씩 실행에 옮기면 그 꿈은 현실이 된다.
- 『10년 후』 중에서

## 계획을 세분화하자

몰입과 집중을 위해서는 뚜렷하고 명확한 목표가 필요하다. 목표가 뚜렷하지 않으면 한곳으로 정신을 집중하기 어렵고 쉽게 산만해진다.

새해가 되면 우리는 어김없이 새해 목표를 결심한다. 1번 영어, 2번 다이어트, 3번 금연. 3일간 열심히 하지만 4일부터는 굳게 마음먹었던 결심이 사라져버리고 작심삼일은 매년 반복된다. 우리의 계획이 이렇게 끝나는 이유는 목표가 구체적이지 않고 추상적

이기 때문이다. 만약 마라톤 42.195km를 완주한다는 목표를 잡았다고 생각해보자. 처음에는 하루 5km를 시작으로 점점 거리를 늘려나갈 것이다. 하루에 완주해야 할 거리를 계획할 수 있다.

영어는 100m, 200m 단거리 달리기가 아니다. 영어는 42.195km의 마라톤과 같다. 세계에서 가장 빠른 단거리 선수인 우사인 볼트도 마라톤에 나가면 제대로 실력을 발휘할 수 없을 것이다. 우사인 볼트는 최종 목표 지점을 100m로 정해놓고 훈련하고 몸을 최적화시키기 때문에 그 이후는 준비되어 있지 않다. 반면에 우리나라의 이봉주 선수의 경우 단거리에서는 기록이 떨어질지 모르나 최종 목표 지점을 42.195km로 잡고 페이스와 컨디션을 조절하며 달린다. 오버페이스로 너무 빨리 달리거나 혹은 너무 느리게 달리면 결국 완주에 실패하게 된다.

내가 10km 마라톤을 마지막까지 즐기면서 완주할 수 있었던 이유는 10km를 1km씩 끊어서 공략했기 때문이다. '나는 곧 결승선을 1시간 반 안에 통과한다.'라고 끊임없이 자기암시를 반복했다. 너무 힘들어 숨이 턱까지 차오를 때도 '저 나무까지 가서 조금 천천히 걷는 거야.' '저 횡단보도까지는 일단 무조건 앞만 보며 뛰자.'라는 전략이 있었기 때문에 끝까지 완주할 수 있었다.

— 『하루 10분 독서의 힘』 중에서

영어에도 구체적인 목표가 필요하다. 단순히 외국인과 말할 정도, 창피 당하지 않을 정도라는 막연한 목표는 뜬구름 잡는 소리밖에 되지 않는다. '영어 소설책 한 권 완독' '미국 드라마 한 편 완전 분석' 'TED 1강 외우기' '토익 900점' 등 실행 가능한 구체적 수치를 목표로 잡아야 한다.

내가 '토익 만점' '토익 스피킹 만점' '영화 한 편 자막 없이 보기' '외국인과 영화를 주제로 자유롭게 토론하기' 등의 구체적인 목표를 잡은 이유도 손에 잡히는 목표가 필요했기 때문이다.

나는 '1년 안에 토익 만점'이라는 목표를 잡고 1년간 계획을 짰다. 궁극적인 목표를 이루기 위해서는 월 단위, 주 단위, 일 단위로 시간을 잘게 쪼개서 세분화해야 한다. 그래야만 매일 달성해야 할 구체적인 양과 목표가 정해지고 시간이 지날수록 저 멀리 수평선 같은 꿈에 한 발짝 더 다가갈 수 있다.

나는 매일 영어 문장 10개 외우기, 토익 문제 10개 풀기, 단어 10개 외우기, TED 영상 한 편 감상 등을 목표로 잡고 하루에 해야 할 구체적인 양을 수치화했다. 주 단위로는 실전모의고사를 1회 이상 풀기로 계획했다. 계속해서 실전 감각을 익히고 약점을 보완하기 위해서였다. 월 단위로는 한 번씩 토익 시험을 치기로 계획했고 오답 노트에 틀리는 부분을 정리해서 다시 공부했다. 당시에는 일주일에 4일 이상 공연을 하고 있어 공부를 병행하기가 쉽지 않왔다. 시험 날에는 공연 시간이 촉박해서 일부러 공연장 주위 시험장을 잡아 시험이 끝나자마자 부리나케 극장으로 달려갔던 기억도 있다.

헬스 트레이너로 일하고 있는 후배는 회원이 막연한 목표를 이야기할 때 가장 곤란하다고 한다. "너무 울룩불룩하지 않고 적당히 날씬한 몸이요! 요즘 유행하는 패션 근육이요! 큰 욕심은 없고 권상우나 비 몸매 정도요!" 이렇게 말하는 회원 중 대부분은 한 달이 되기도 전에 운동을 포기한다고 한다. 다시 말하지만 목표는 수치화되고 구체적이어야 한다. 한 달 안에 체지방 3kg 감량, 근육량 2kg 증가, 이런 식으로 수치화해야 눈앞에 목표가 보이기 때문에 목표를 달성하기 위해 더 열심히 운동한다.

『완벽한 공부법』에서는 목표를 'SMART'하게 짜라고 말한다. 구체적Specific이고 측정 가능Measurable하며 성취할 수Attainable 있고 현실적Realistic이며 시간 계획Timeline이 가능하도록 말이다.


## 24시간을 48시간으로 늘리기

어느 날 지방에서 영화를 촬영한 후 집으로 돌아왔는데 다음 날, 그 다음 날, 일주일, 한 달을 일이 없어 쉬게 되었다. 그러자 슬럼프가 찾아왔고 "내가 지금 뭐하고 있지? 잘하고 있는 것일까?" 싶은 생각만 들었다.

슬럼프에서 빠져나와야 했다. 나는 우선 하루를 10분 단위로 쪼개 하루 일과를 체크했다. 그러고 나니 내가 얼마나 시간을 낭비하고 있는지 알게 됐다. 겉으로는 노력하고 있는 척하지만 쓸데없는 일에 낭비하는 시간이 많았다. 내 스스로에게 부끄러웠다. 이런 식으로 살면서 꿈을 이룰 수 있을까?

하루 24시간을 10분씩 나눠서 10분 동안 했던 일을 적어보면 막연히 머리로 생각했던 것과 달리 내가 주어진 시간 동안에 얼마나 집중했는지 얼마나 시간을 낭비했는지 정확한 수치로 파악할 수 있다. 시간에 대한 메타인지가 높아지는 것이다. 약 두 달간 꼬박 시간을 체크를 하자 SNS를 하거나 동영상을 시청하는 시간이 눈에 띄게 줄었다. 하루 1분 1초를 알차게 보내며 10분의 소중함을 깨닫고 나니 24시간을 마치 48시간으로 늘려서 사는 기분이 들었다.

거대한 목표를 이루기 위해서는 지금 당장 할 수 있는 작은 목표로 쪼개야 하고 24시간을 얼마나 효율적으로 보내고 있는지 스스로 체크해봐야 한다. 당신의 영어 목표가 '소설책 한 권 완독'이라면 '매일 세 장씩 읽기'와 같은 작은 목표를 세우고, '토익 900점'이 목표라면 매일 풀 문제의 양과 외울 단어의 양을 정해 매일

매일 목표를 이루어야 한다.

  꿈은 내가 지금 하는 일로 결정된다. 지금 아무것도 하고 있지
않은 꿈은 헛된 망상에 불과하다. 내일 하겠다는 말은 하지 않겠
다는 말과 같다.

# 영어 버킷리스트 작성하기

뚜렷한 목표를 갖기 위해서는 영어를 왜 배워야 하는지 배워서 무엇을 하고 싶은지 적어봐야 한다. 영어를 배운 후에 하고 싶은 일들을 버킷리스트로 적어보자. 영어에 대한 열망은 더 커지고 실천해야 할 행동은 눈에 보일 것이다.

| | |
|---|---|
| 1 | 토익, 토익 스피킹 만점 받기 |
| 2 | 영어로 1분간 자기소개하기 |
| 3 | 통역 없이 영어 인터뷰하기 |
| 4 | 외국인과 영화를 주제로 토론해보기 |
| 5 | 영화와 미드 자막 없이 감상하기 |

1

2

3

4

5

6

7

8

9

10

# 열등감은 열정으로 불태워라

누군가 삶이 고달프다고 말하는 것을 들을 때면
나는 이렇게 묻고 싶다.
"무엇과 비교해서?"
- 시드니 J. 해리스

## 열등감으로 가득 찬 소년 시절

나의 어린 시절은 열등감으로 가득 찬 삶이었다. IMF 이후 평온했던 집안이 풍비박산 나면서 내 삶은 180도 달라졌다. 그 전까지는 유복하지는 않지만 부족함 없이 살았는데 하루아침에 집도 차도 사라졌고 정든 친구들을 떠나 서울이란 낯선 곳으로 전학까지 가야 했다. 우리 집 없이 할머니 댁에서 살다가 1년 만에 다시 독립한 우리 네 식구의 새 보금자리는 30년 된 열한 평짜리 저층 아파트였다. 친구들에게 말하기조차 부끄러운 다 쓰러져가는 초라

한 집이었다. 그 집에 산다는 게 창피해서 방과 후 친구들과 집에 갈 때는 일부러 크고 비싼 옆 동네 아파트가 우리 집인 것처럼 그 쪽까지 걸어갔다가 다시 우리 집으로 발길을 돌렸던 기억이 있다. 집 주변은 학원으로 유명한 동네여서 각종 값비싼 학원들이 즐비했고 친구들은 대여섯 개씩 학원을 다녔지만 나는 다니고 싶어도 다닐 수 있는 형편이 아니었다.

우리는 모두 다른 환경에서 자라왔고 살아가고 있다. 부모님을 따라 외국에서 자연스럽게 영어를 익히는 사람도 있고, 비행기 한 번 타보지 않고 한국에서만 자란 사람도 있다. 집이 부유해 각종 영어 유치원부터 고액 과외까지 사교육을 달고 산 사람도 있는 반면, 나처럼 형편이 되지 않아 학원을 보내달라고 한 달을 졸라야 갈 수 있는 사람도 있다. 어릴 때는 이런 형편을 참 많이 원망했다. 누구는 부잣집에 태어나 저렇게 사는데 나는 왜 가난한 집에 태어났지. 언제나 가난은 내 발목을 붙잡았다. 하지만 시간이 지나며 깨달은 중요한 사실이 하나 있다. 주어진 환경은 내가 잘해서 받은 복도 아니고, 잘못해서 받은 벌도 아니라는 사실이었다. 좋은 환경이든 좋지 않은 환경이든 그 환경은 우리가 선택한 것이 아니라 주어진 것이다. 우리 힘으로 바꿀 수 없는 것보다 우리의 힘으로 바꿀 수 있는 것에 힘을 기울여야 한다.

내가 가지고 태어난 것과 주어진 환경 속에서 내 힘으로 주체적으로 살았을 때, 최상의 삶은 아니더라도 분명히 가치 있고 의미 있는 최선의 삶이 된다.

언제나 기준은 타인이 아닌 나 자신으로 잡자. 내가 원하는 실력의 목표를 세우고 그것을 이루기 위해 열정을 가지고 최선을 다한다면 타인의 시선에 휘둘리지 않고 오로지 나 자신에게만 집중하는 모습을 발견할 수 있다. 동시에 자존감은 높아지고 목표한 것을 이뤘을 때의 성취감까지 만끽할 수 있다. 열등감이란 새로운 기회로 통하는 문이다.

## 열등감과 자신감은 동전의 양면과 같다

배우 윤여정 선생님은 지금까지 연기를 할 수 있었던 원동력은 열등감이라고 말했다. "특이한 목소리 때문에 넌 안 될 거야."라는 선배 배우의 말에도 불구하고 50년 동안의 멋진 연기자의 모습으로 그들이 틀렸다는 걸 증명하고 있다.

열등감과 자신감은 동전의 양면처럼 우리 곁에 있다. 심지어 하루 만에 자신감이 열등감으로 바뀌기도 하고, 동기부여 강의나 칭찬을 들으면 또 언제 그랬냐는 듯 열등감이 자신감으로 바뀌기도 한다. 열등감이란 건 도대체 무엇일까?

"모든 것은 서로 바라봄으로써 존재한다는 거죠. 흰색이란 말이 없으면 검정색이란 말도 존재하지 않잖아요. 낮과 밤, 흑과 백, 플러스와 마이너스, 이 모든 것은 존재하는 서로의 에너지입니다. 그래서 저는 '흰색과 검정색은 같은 색이다.'라고 생각합니다."

열등감은 지금의 윤태호 작가를 만들었다. 윤태호 작가는 젊은 시절에 열등감이 많았다고 한다. 아토피성 피부, 가난한 집안 사정, 미대 입시 실패. 그런 그는 스물다섯에 만화가 데뷔를 목표로 잡았고 보통 10년이 걸리는 데뷔를 5년 만에 해냈다. 그가 가지고 있던 열등감이 강렬한 목표 의식으로 전환되었고, 그 목표를 이루기 위해 최선을 다해 이뤄낸 결과였다. 하지만 열등감은 거기서 끝나지 않았다. 꿈에 그리던 만화가로 데뷔했지만 그는 스토리텔링에서 열등감을 느꼈다. 그 후 추가적인 연재를 중단하고 방에서 시나리오 글쓰기 공부에만 몰두하면서 스토리 구성의 내공을 쌓았다고 한다.

윤태호 작가는 열등감을 느꼈을 때, 그것을 피하지 않고 정면으로 직시하고 돌파했다. 쉽게 좌절하거나 포기할 수도 있었지만 열등감을 극복하기 위해 계획과 목표를 세우고 돌파한 것이다.

많은 사람들이 영어에 자신감이 없는 이유는 열등감을 느끼기 때문이다. "나보다 영어 잘하는 사람은 많아." "괜히 영어 썼다 망신만 당해." "난 영어에 재능이 없어." 이런 생각은 자신의 능력을 타인의 시선에 기준을 두고 규정하기 때문에 생긴다. 영어 실력의 기준은 타인이 아니라 자기 자신에게 두어야 한다. 내가 원하는 목표를 가지고 그 기준에 맞추어야 한다. 열등감은 성장할 수 있는 잠재력을 가로막는 장애물이다.

심리학자 아들러는 열등감을 이렇게 정의한다.

"삶의 궁극적인 목적은 우월하게 되는 것이며, 우월은 모든 인간이 가지는 기본적인 동기로서 열등감을 보상하려는 선천적인 욕구에서 비롯된다."

인간은 모두 남보다 우월하고 싶어 하지만 실제로 우월하지 못하기 때문에 열등감이라는 감정을 느끼게 된다는 것이다. 우리는 이 우월하고 싶은 마음을 좋은 방향으로 이용할 수 있다. 웹툰『미생』의 주인공 장그래는 어릴 때부터 기원을 다니며 바둑을 공부했지만, 프로 입단 실패 후 보잘것없는 스펙으로 어렵사리 대기업 상사의 인턴으로 들어갔다. 그는 계약직으로 일하면서 겪는 수많은 차별에도 불구하고 열등감에 사로잡히지 않고 꿋꿋이 하루하루 회사생활을 견디며 자신만의 '인생 바둑'을 이어나갔다. 장그래는 현재의 자신보다 우월해지고 싶은 욕망을 이용한 것이다. 영어도 마찬가지다. 발전하고 성장하는 것에만 초점을 맞춘다면 영어 실력은 무조건 성장할 수밖에 없다.

# 쫄지 마라, 못해도 괜찮다

나에 대한 자신감을 잃으면
온 세상이 적이 된다.
- 랄프 왈도 에머슨

## 역시 난 영어를 못해

캐나다에서 겪은 일이다. 지하철에서 길을 몰라 지나가던 백발 머리에 금테 안경을 쓰고 핑크색 카디건을 입은 세련된 모습의 백인 할머니께 길을 여쭈었다. "Do you know where the… downt… downtown station?" 할머니는 멀뚱멀뚱 보기만 하며 답이 없었다. 문법이 잘못 됐나 싶어 다시 질문을 했다. "Do you know where the downtown station is?" 여전히 대답은 없고 할머니는 못마땅한 표정으로 나를 바라보았다. 발음이 문제였나 싶어 R발음과 끝을 올리는 억양에 신경 쓰며 질문했지만 여전히 할머니는 표정이 좋지 않았다. 그녀의 표정을 보고 주눅이 들었고 마지막 질문은 끝맺지도 못한 채 입을 다물었다. '역시 난 영어를 못해….'

세상을 잃은 듯한 표정으로 힘없이 돌아서던 찰나 할머니가 내 어깨를 잡으며 다급히 손동작을 했다. 그렇다. 그녀는 청각장애인이었고 나에게 수화로 무언가 이야기를 하고 있었다. 정확히 무엇인진 모르겠지만, "알아듣지 못해 미안하다."라는 내용이었던 것 같다. 내 영어를 알아듣지 못하는 할머니를 잠시나마 원망하던 자신이 너무나 부끄러웠다. 만약 그 할머니가 듣지 못한다는 사실을 몰랐었다면 나는 영영 영어에 대한 자신감을 잃고 살았을지도 모른다.


## 상대방의 기대에 대한 두려움

우리가 영어를 두려워하는 이유는 우리를 바라보는 상대방의 시선과 평가 때문이다. 우리에게 영어는 늘 시험과 평가의 대상이었다. 따라서 상대방이 나에게 기대하는 영어의 수준이 굉장히 높을 것이라고 생각하며 그 기대에 대한 두려움 때문에 미리 혼자서 좌절하고 자괴감을 느낀다.

입장을 바꿔서 생각해보자. 한국에 유학 온 외국인이 어렵게 한국어로 길을 묻는다. 그럴 때 그 사람을 향한 우리의 마음은 어떤가? '아니, 외국인이 한국어도 못해? 한국에 있을 자격이 없군. 당신네 나라로 돌아가.'라고 생각하는 사람은 전혀 없다. 오히려 부족하지만 노력하는 모습이 기특하고 멋있어 보여 어떻게든 도와주고 싶은 마음이 든다.

할리우드 스타 조니 뎁이 우리나라를 방한했을 때 한국어로 인터뷰를 했다. 짧은 문장이었지만 발음이 너무 자연스러워 조니 뎁은 '풍양 조씨'라는 농담까지 생겼다. 그만큼 우리는 외국인이 한국어를 하는 것을 신기하고 뿌듯해한다.

우리가 영어를 할 때 외국인의 마음도 이와 같다. 나와 함께 영어 강사로 일하고 있는 친구 제임스에게 물어보았다. 한국 사람들을 만나본 결과 능력이 있음에도 몇 마디 하다가 사소한 실수에 좌절하고 말하기를 포기하거나 "I'm Sorry."를 연발하며 주눅 드는 한국인이 대다수라고 한다. 제임스는 남의 나라 말을 못하는 게 왜 미안한지 이해가 안 간다고 덧붙였다. 실제로 외국인들은 수업 시간에 자유분방하게 질문을 하고 주저 없이 자신의 생각과 의견을 말하는 반면 한국 학생들은 선생님의 말을 조용히 듣고 받아 적기를 좋아한다고 한다. 괜히 틀린 말이나 질문을 했다가 선생님의 심기를 건들거나 다른 학생들에게 미움을 살 것 같은 걱정을 하기 때문이다. 한국어와 영어 사이의 문화적 차이를 알 수 있다. 영어는 말하는 사람이 중심이 되는 화자 언어인 반면 한국어는 듣는 사람이 중심인 청자 언어다. 한국인들은 언어를 사용할 때 상대방을 먼저 배려하고 상대방이 나보다 나이가 많은지 적은지, 지위가 높은지 낮은지 등 사회적 관계에 대해 먼저 생각하고 말한다.

물론 평생 익숙해진 문화적 관습과 성격을 하루아침에 바꾸기는 힘들다. 하지만 그 언어의 문화적 차이를 인지하고 적응할 수 있도록 작은 노력부터 행하는 것이 중요하다. 처음부터 잘하는 사람은 그 누구도 없다. 가시에 찔리지 않고서는 장미꽃을 모을 수 없다.

# 잘해야 한다고 생각하면 못한다

긴장하면 지고
설레면 이긴다.
- 김태원

## 기대는 사람을 움직이게 만든다

배우 하정우는 20대 때 오디션을 백 번 가까이 봤지만 모두 떨어졌고 슬럼프에 빠졌다. 오디션을 계속 봐도 연습했던 만큼 실력을 발휘하지 못했고 낙방하기 일쑤였다. 그는 마음가짐을 바꿔보기로 했다. '무조건 잘해야 된다.'는 생각에서 '오디션도 하나의 공연이라고 생각하고 오디션 자리에서 멋지게 공연하고 오자.'라고. '잘하자.' 대신 '잘 소화하자.'로 마음을 바꾼 것이다. 그러자 긴장감은 이전보다 덜해졌고 긴장하지 않으니 준비한 만큼의 실력을 발휘해 더 많은 역할을 얻을 수 있었다고 한다. 잘해야 된다는 생각은 스스로를 옥죄는 욕심이고 압박이었다. '내가 준비한 것의 80%라도 잘 소화하자.'라는 여유 있는 마인드가 좋은 결과를 만들어낸 것이다.

중요한 순간 최선을 다하지 못하거나 너무 긴장한 나머지 생각이나 행동이 얼어붙는 현상을 '초킹choking'이라고 한다. 초킹은 '지나친 분석에 의한 마비 현상' 혹은 '어떤 상황에 대해 지각된 스트레스 반응으로 발생하는 좋지 않은 결과'를 뜻하는 말로 학생이 시험에서 평소 실력을 발휘하지 못하거나 운동선수가 큰 대회에서 연습 때의 기록보다 못한 결과를 내는 상황을 말한다.

## 1. 긴장감을 연습하라.

평상시에도 긴장감 있는 상황을 상상하고 연습하다 보면 실제 상황에서의 대응력을 키울 수 있다. 외국인과 영어로 대화해야 한다면 미리 가상의 리허설을 해보는 것이다. 중요한 순간을 대비하기 위해 모의시험을 치르거나 평가전을 갖는 것은 바로 이런 이유에서다. 자신감은 실력에서 오고 실력은 연습에서 온다. 실전은 두렵지만 연습은 두렵지 않다. 연습할 때는 실제 외국인이 앞에 있는 것처럼 최선을 다해서 자신의 의견을 말하고 실전에서는 연습처럼만 하자. '실수하면 뭐 어때?'라는 편한 마음가짐이 필요하다.

## 2. 언어의 프레임을 전환하라.

심한 압박을 받을 때 느껴지는 자신의 신체 반응을 부정적인 쪽(떨려서 미칠 것 같아. 실수하면 어떡하지)에서 긍정적인 쪽(이렇게 떨리는 걸 보니 이제 내 실력을 보여줄 때가 왔군. 실수하면 뭐 어때)으로 바꿔보는 것이다. '긴장하지 말아야지.'라고 계속 되뇌면 우리 뇌는 자꾸 긴장하는 상황을 떠올리고 점점 더 긴장하게 된다. 우리 뇌는 '하지 말아야지.'라는 결심보다 '긴장'이라는 대상 자체에 더 관심을 기울이기 때문이다. 문제가 되는 키워드 자체를 바꿔서 생각해야 한다.

## 3. 긴장하게 만드는 것들을 적어보라.

시험 전에 10분 정도 시간을 내서 곧 닥칠 시험에서 걱정되는 부분을 적어보자. 걱정되고 떨리게 만드는 요소들을 하나둘 적다 보면 아무것도 아니란 생각이 든다. 중압감이 심한 상황에서 생기는 불안을 줄일 수 있다. 시험이 나를 긴장하게 만드는 것이 아니라 긴장하고 있는 내 자신이 나를 더 긴장하게 만든다.

## 4. 눈을 감고 명상하라.

명상을 통해 부정적인 생각에 집중하지 않고 긍정적인 생각으로 태도를 바꾸도록 뇌를 훈련하는 것이다. 명상은 심신을 안정시키고 맥박 속도를 늦춘다. 눈을 감고 깊게 심호흡하며 들숨과 날숨에만 집중해보자. 보다 더 빨리 압박감의 부정적인 영향력에서 벗어나게 도와줄 것이다.


## 끌어당김의 법칙

연극 〈연애를 부탁해〉를 할 때 멀티맨 배역의 배우들이 오프닝에 하는 멘트가 있었다.

"자, 지금부터 꽃사슴 열 번만 외쳐보세요."

"산타가 타고 다니는 것은?"

"루돌프!"

"산타는 썰매를 타고 다니죠!"

말로 계속 읊조리고 머릿속에 떠올렸던 이미지가 우리의 사고를 장악했기 때문에 벌어진 현상이다. 이를 프레임에 갇혔다고 말한다. 프레임은 바라보는 창이라는 뜻이지만 대상을 바라볼 때 생기는 편견이기도 하다. 코끼리를 생각하지 말라는 이야기를 들으면 들을수록 코끼리를 떠올리게 된다.

언어의 프레임에 따라 생긴 편견은 영어 공부할 때 긍정적으로, 혹은 부정적으로 영향을 미칠 수 있다. 영어 시험을 떠올렸을 때 우리는 대부분 '영어 시험을 망치면 어떡하지?' '시험을 망치지 않았으면 좋겠어.'라고 생각한다. '시험' 자체에 집중하는 것이 아니라 '내가 할 수 있을까?' '실패할 것 같아.'를 먼저 판단해버리는 것이다. 그럼 자연스럽게 시험을 공포스럽게 인식하게 되고 그만큼 자신감, 집중도도 떨어진다.

> 끌어당김의 법칙은 의외로 순종적이다. 당신이 원하는 것을 생각하고 온 힘을 다해 거기에 집중하면, 끌어당김의 법칙은 바로 그것을 확실하게 당신에게 되돌려 보낸다. 이를테면 '늦고 싶지 않아, 늦고 싶지 않단 말이야.'라고 당신이 원하지 않는 것을 생각할 때도, 끌어당김의 법칙은 당신이 그걸 원하는지 아닌지는 개의치 않는다. 그저 당신이 생각하는 대상을 되돌려줄 뿐이다. 그렇기에 원하지 않는 것이 계속해서 나타나게 된다. 끌어당김의 법칙은 '원해.'나 '싫어.'에 관여하지 않는다. 당신이 뭔가에 집중하면, 그 대상이 무엇이든지 바로 그 대상을 불러들이고 있는 셈이다.
>
> ─ 『시크릿』 중에서

끌어당김의 법칙에 따르면, 삶은 나 자신이 에너지를 쏟는 대상을 자연스럽게 끌어당긴다. 그것이 긍정적인 것이든 부정적인 것이든. 한마디로 나에게 일어나는 일들의 원인은 내가 '그렇게' 생각했기 때문이다. 긍정적인 생각은 긍정적인 결과를, 부정적인 생각은 부정적인 결과를 초래하게 된다.

따라서 우리는 사고의 프레임을 전환하려면 '새로운 긍정적 언어'로 이야기해야 한다. 영어를 배우다보면 때론 정체되거나 한계에 부딪힌 것 같은 슬럼프가 찾아온다. 그럴 때 나는 언어의 프레임을 과감하게 전환해보았다.

시험을 앞두었을 때는 '시험을 망치면 어떡하지?'가 아니라 '준비한 만큼만 해보자.'로, 영어 면접이나 외국인과 만나기 전에는 '영어를 하다 망신당하면 어떡하지?'가 아니라 '내가 아는 만큼 내뱉어보자.'로 바꿔 생각했다. 우스워 보이지만 결과는 놀라웠다. 이 '긍정화법'은 오디션, 영어 시험, 면접 자리에서 나를 떨지 않게 만들어주었다. 용기도 더 생기고 집중도도 높아졌다. 부정적인 결과를 예상하고 걱정하는 것이 아니라 내가 원하는 긍정적 결과만을 생각하고 집중하게 되었기 때문이다.

'영어 전쟁'은 '영어 도전'으로, '영어 시험'은 '영어 실력 점검'으로, '영어 문법'은 '영어 도구'로, '실수하지 말자.'는 '연습한 만큼 실력 발휘하자.'로, '긴장하지 말자.'는 '이 순간의 떨림을 즐기자.'로 프레임을 전환해보자. 언어는 당신의 행동을 바꾸고 세상을 바라보는 프레임을 결정한다.

## 능동적 훈련 패턴을 익혀라

보통 사람들은 영어 표현을 듣거나 읽었을 때 어느 정도 이해가 되면 내 영어 실력이 상당히 높다고 착각하는 경향이 있다. 하지만 막상 영어로 말하거나 쓰려면 생각이 나지 않아 버벅거린다. 여러분은 듣거나 읽었을 때 이해가 되는 것만큼 말하고 글로 쓸 수 있는가? 그렇지 않을 것이다. 왜냐하면 듣기와 읽기는 주어진 것을 해석하는 수동적인 과정인 반면 말하기와 쓰기는 내 의견을 창조해서 표현해야 하는 능동적인 과정이기 때문이다. 중요한 것은 단순히 알아듣고 이해하는 단계를 넘어 필요할 때 원하는 표현을 꺼내서 사용할 수 있도록 능동적 훈련을 지속해야 한다는 점이다.

영어를 시작한다 → 영어에 익숙해진다 → 아는 것이 생긴다 → 재미와 흥미를 느낀다 → 영어가 좋아진다 → 영어를 계속 공부한다 → 영어를 잘하게 된다 → 질문이 생긴다 → 모르는 내용을 공부한다 → 더 잘하게 된다

이 패턴으로 발전하고 성장해야 한다. 가장 중요한 것은 시작과 실천이다. 하고 싶다고 마음먹었으면 지금 바로 시작하자. 영어는 아는 것이 아니라 '하는 것'이다.

# 포기하지 마라 영어는 성장이다

도전에 성공하는 비결은 단 하나다.
결단코 포기하지 않는 일이다.
- 디어도어 루빈

## 인생이란 결국 난타전이다

대학교 2학년 영어 교양 수업 도중 큰 키에 작은 얼굴, 힙합 바지를 입은 잘생긴 청년이 교실 문을 열고 들어왔다. 후광이 비추면서 감탄사가 절로 나왔다. 그는 당시 데뷔 전이었던 그룹 2PM의 택연이었다. 하지만 더 놀란 점은 그 후였다. 그는 자리에 앉아 외국인 교수에게 자신이 수업을 빠져야 했던 이유와 자신의 현재 상황을 영어로 유창하게 설명했다. '와, 영어까지 잘하네. 신은 불공평하다.'라는 생각이 머릿속에서 떠나지 않았다.

나는 다음 해에 입대를 했고 짐승돌로 데뷔해 텔레비전에 나오는 그의 모습을 군대에서 보았다. 그리고 그와 다시 마주친 건 2013년 한 드라마 세트장이었다. 당시에 나는 tvN의 아침 드라마에 단역으로 출연 중이었고 택연은 다른 드라마에 주연으로 출연 중이었다. 학교가 아닌 현장에서 학생이 아닌 배우로 만난 것이었다. 그와 나는 출발선부터 달라 보였다. 영어도 나보다 한참 앞서갔고 배우의 길도 나보다 훨씬 수월하게 길을 밟아가는 것만 같았다.

그러던 어느 날 나에게 '토익 만점'이란 목표를 심어준 계기가 찾아왔다. 신문 기사에 택연의 토익 만점 기사가 뜬 것이다. 대학교 졸업을 위해 시험을 봤고 단 한 번 만에 토익 만점을 받았다는 기사였다. 경쟁의식이었는지 자존심 때문이었는지 모르지만 '택연도 받았는데 나도 토익 만점을 받아야겠다.'는 생각이 들었다. 하지만 그와 나는 자란 환경 자체가 달랐다. 그는 미국에서 10년 가까이 거주했고 상위 1%에게만 주는 장학금을 받을 정도로 수재였던 반면 나는 외국에서 거주한 경험은 고작 1년여에 불과했고 성적은 항상 평균 이하였으며 가지고 있는 토익 점수도 없었고 뭐 하나 특출한 것이 없었다. 그러나 문득 '나는 한 번에 토익 만점을 받을 자신은 없지만 열 번 안에는 받을 수 있을 거야.'라고 생각하며 굳게 다짐했다. 한 번 보든 열 번 보든 결국에는 같은 토익 만점 아닌가.

나는 나의 부족함을 인정하고 실패를 각오하고 도전했다. 좋은 환경에서 자라지 못했고 머리가 특별히 좋지 않다면 내가 할 수 있는 것은 남보다 더 많이 도전하는 것이라고 생각했고 포기하지 않는다면 조금은 늦더라도 결국에는 원하는 목표를 이룰 수 있으리라 생각했다.

만약 내가 한 번에 토익 만점을 받고 별 고생 없이 영어를 잘할 수 있었다면 이 책은 나올 수 없었을 것이다. 지금보다 성장해 있을 내 미래의 모습을 생각하며 도전한 덕분에 나만의 이야기가 탄생할 수 있었다.


## 영어의 티핑 포인트를 넘어라


영어에는 티핑 포인트Tipping point라는 것이 있다. 티핑 포인트는 어떤 상황이 처음에는 미미하게 진행되다가 어느 순간 균형을 깨고 모든 것이 한순간에 변화되는 극적인 순간을 말한다. 영어 실력도 마찬가지다. 시간에 비례하는 것이 아니라 특정 시기까지 시간과 노력이 쌓이고 티핑 포인트를 넘는 순간 발전하게 된다. 전교 꼴등에서 1등이 된 학생들의 이야기를 들어보면 대부분 초반에는 큰 변화가 없었다. 하지만 세 달, 여섯 달, 1년이 되면서 그동안 쌓아왔던 실력이 봇물 터지듯 드러나며 점수가 올랐다.

이처럼 무언가를 학습하고 그로 인해 얻게 되는 실력 간의 관계는 정비례하지 않는다. 오늘 1시간했다고 내일 10점 오르고 내일 2시간했다고 20점 오르는 것이 아니다. 영어는 처음에는 변화가 느껴지지 않지만 적금처럼 일정한 시기에 다다르면 그동안의 쌓인 수고가 큰 목돈이 되어 돌아온다. 그러나 대부분의 사람들은 티핑 포인트에 다다르기 전에 흥미를 잃고 포기한다. 물이 끓기 일보 직전에 불을 꺼버리고 마는 것이다.

우리에게 영어가 어려운 이유는 공부한 영어가 장기 기억으로 넘어가지 못하고 단기 기억에 머물기 때문이다.

인간은 망각의 동물이다. 배운 지식이 단기 기억에만 머물러 있으면 며칠 지나지 않아 금방 잊어버린다. 시험 기간에 벼락치기로 공부했던 내용은 시험이 끝나고 나면 연기처럼 머릿속에서 증발해버리는 상황을 모두 경험해봤을 것이다. 벼락치기는 단기 기억이다. 물이 식는 시간은 가열될 때보다 훨씬 빠르다. 그래서 끊임없이 반복해서 단기 기억에서 장기 기억으로 넘어가도록 만들어야 한다.

문제는 욕심이다. 인간은 이기적이게도 투입한 노력 대비 그 이상의 성과를 바란다. 게다가 조바심으로 그 성과를 최대한 빨리 얻기까지 바란다. 자만심 또한 문제다. 자신의 실제 수준보다 더 많이 알고 있다는 착각을 한다. 그렇게 생각하면 발전과 성장은 멈춰버리고 착각 속에 빠져 더 이상의 진전이 힘들다. 욕심과 조바심, 그리고 자만심은 당신이 영어를 포기하게 만든 이유다. 욕심과 조바심을 버리고 겸손한 마음으로 포기하지 않는다면 반드시 영어는 잘하게 된다. 넘어지고 실수해도 포기하지 말자. 절망이라는 칼날에 베어본 사람만이 희망이란 연고를 바를 자격이 있다.

## 실수하라, 영어는 외국어다

에디슨은 전구를 발명하기 위해 2천 번의 실험에서 실패했다. 한 기자가 그에게 그토록 수많은 실패를 겪는 동안 어떤 기분이었는지 물어보았다. 에디슨은 "실패라니요? 나는 단 한 번도 실패한 적이 없습니다. 성공을 위한 2천 번의 과정이 있었을 뿐입니다."라고 대답했다.

한 야구 선수는 1330번의 삼진 아웃 신기록이라는 불명예를 가지고 있다. 또 다른 한 선수는 17시즌 동안 714번의 홈런을 치며 홈런 신기록을 세웠다. 너무나 상반되는 두 기록이지만 사실 이 두 사람은 동일 인물이다. 바로 미국 메이저리그의 홈런왕 베이브

루스다. 그는 "포기하지 않는 사람을 이기는 건 힘든 일이다."라고 말했다.

우리 모두는 실패의 아이콘이다. 처음 말을 떼기까지 2만 번을 실패했고 첫 걸음마를 떼기 위해 2천 번을 넘어졌다. 아기 때는 그렇게 실패에 무디고 익숙하지만 점점 나이가 들고 어른이 되면서 우리는 넘어지고 쓰러지는 것을 두려워한다. 실수나 실패로 인해 마음이 다치지나 않을까 애를 쓴다.

나는 어릴 때부터 유독 소심해서 '트리플 A형'이라고 할 정도였다. 무엇을 하든 남의 눈치를 먼저 봤고 나보다는 남이 편한 것을 선택했다. 남들의 시선이 두려웠고 하고 싶은 말을 하지 못하고 꾹꾹 참을 때가 많았다. 영어를 배울 때도 내가 하는 말이 문법적으로 틀리지 않았을까 혹은 상대방에게 이상하게 들리지 않을까 하는 걱정에 입을 꾹 다물었다.

하지만 나의 중국인 친구 조위안은 달랐다. 그는 실수를 두려워하지 않았고 저돌적이고 거침없었다. 조위안은 알고 있는 몇 개의 문장과 단어를 가지고도 외국인들을 볼 때마다 "Hey, wassup how u doing?" 하면서 말을 걸었다. 처음에는 어색한 말투와 발음으로 계속 말을 거는 이방인을 낯설어 하던 친구들도 조위안의 넉살과 수더분함에 웃는 얼굴로 대화를 받아주고 옆에서 물심양면 도와주었다. 하루는 조위안에게 너의 밑도 끝도 없는 자신감은 대체 어디서 나오느냐고 물었더니 그는 "뭐 어때? 내 나라말도 아닌데 실수하는 게 당연하잖아."라고 말했다. 순간 내 자신이 너무 부끄러워졌다. 우리나라 말도 아닌 외국어를 못하고 실수하는 게 당연한데 난 왜 그렇게 실수하지 않으려고, 실수하는 것이 창피하다고 생각했을까?

그 후 나도 마음을 굳게 먹고 외국 친구들에게 먼저 말을 걸었다. 말이 생각처럼 안 나와 버벅거리고 잘 알아듣지 못해 "Sorry?"와 "Pardon?"을 입에 달고 살았지만 친구들은 대수롭지 않게 여겼다. 그 모습이 당연하다고 생각했을 것이다. 반대로 그 친구들이 한국어를 배워도 마찬가지였을 테니까.

외국인들은 한국 사람들이 영어를 어려워하는 이유가 실수를 두려워하기 때문이라고 말한다. 틀린 문장도 자꾸 말해야 고칠 수 있다. 두려움에 시도조차 하지 않으면 고칠 기회마저 사라져버리는 것이다.

우리나라의 여러 방송에서 활약 중인 미국인 타일러 라쉬는 "저도 한국어를 공부하면서 많은 고생을 했어요. 당연히 바로 이해하고 잘 쓸 수 있는 것도 아니고, 써보고 실수하면서 '아, 내가 이 용어를 잘못 쓰고 있었구나.' 하고 깨닫는 과정을 통해 배운 거죠. 틀릴까 봐 말을 내뱉지 않으면 공유가 이루어지지 않아요. 새로운 정보를 주고받고 배울 수 있는 기회가 그만큼 사라지죠. 틀려도 되니까 말할 수 있는 환경이 필요해요."라고 말한다.

그는 실수를 두려워하지 않고 계속 말하고 고치면서 자신의 한국어 실력을 향상시켰다. 심지어 그는 한국어에 한자가 많은 것을 알고 한자로 새로운 합성어를 만들어 한국인들을 당황시키기도 했다. 실수를 두려워하지 않는 그의 마음가짐이 유창한 한국어 실력의 비결이었다.

영어를 잘하기 위해서는 수없이 틀리고 실수해야만 한다. 실수하지 않고 얻는 성공은 없다. 실패는 성공을 향해가는 과정에서 반드시 거쳐야 하는 디딤돌이다. 실패는 당신이 포기하기 전까지는 결코 실패가 아니다.


## 영어는 습관이다

미국 육군사관학교 웨스트포인트는 미국의 학생들이 유수의 대학만큼 선호하는 곳이다. 그곳에 입학하기 위해서는 높은 SAT 성적과 체력 능력, 그리고 상하원 의원의 추천서까지 받아야 할 만큼 까다롭다. 해마다 14000명이 지원하지만 1200명만이 합격한다. 하지만 힘들게 입학했음에도 입학생 다섯 명 중 한 명은 '비스트 배럭스'라 부르는 7주간의 지옥훈련을 받는 동안 중퇴한다.

7주를 끝까지 버틴 학생들과 중퇴생들의 능력을 비교했지만 결과, 성적, 체력, 리더십, 경력, 그 무엇도 차이가 없었다. 한 가지, '그릿Grit'이라 불리는 끈기와 열정의 정도가 달랐다.

세계적으로 성공한 사람들의 공통점은 끈기 있게 자신의 일에 매달렸다는 점이다. 그들은 자신의 실력이 부족하다면 계속 연습했고 중도에 포기하지 않았다. 끈질기게 지속할 수 있었던 힘은 열정이다.

우리는 위대한 화가들의 작품을 보면 자연스럽게 감탄이 나온다. "정말 천재야." "어떻게 저런 생각을 했지." 하지만 작품으로 완성된 결과물을 보고 감탄할 뿐 그 결과물이 만들어지는 과정에 대해서는 생각하지 않는다. 작품이 완성되는 과정을 보면 반응이 다소 시들해지기 때문이다.

사람들은 결과만 보기 때문에 재능에 열광한다. 출발선부터 나와 다른, 축복받은 DNA를 타고났다며 감탄하고 부러워만 할 뿐이다. 이처럼 사람들이 재능을 신성시하는 이유는 그쪽이 편하기 때문이다. 애초에 재능에서 차이가 나기 때문에 노력해도 소용없다는 핑계를 대고 경쟁을 회피한다. '천재'라는 용어로 그 사람들을 마법적인 존재로 생각하면 우리의 부족함을 느끼지 않아도 되고 경쟁도 피할 수 있다. 나의 부족함을 인정하고 싶지 않은 것이다.

지금 나의 영어 실력도 열정과 끈기가 있기에 가능했다. 힙합 가사는 워낙 빠르기도 하고 슬랭 용어가 많아 따라 하기가 무척 어렵다. 하지만 따라 부르고 싶었기에 끊임없이 반복했다. 캐나다 친구들에게 영어 못하는 아시아인이라고 무시당하기 싫어서 수업 내용을 녹음한 파일을 수백 번 들었다. 미국 드라마를 보다 이해가 되지 않거나 처음 보는 문장이 나오면 귀찮아도 동영상을 돌려보며 끝내 내 것으로 만들었다. 그 열정과 끈기는 영어가 좋았고 잘하고 싶은 마음이 간절했기 때문이었다.

나는 토익 만점이란 목표에 도전하기로 마음먹은 후 계속 5점 차이로 실패했고 그럴 때마다 괜한 짓을 하고 있는 건 아닐까 자괴감이 들었다. 불가능한 일에 오기를 부리는 건 아닐까, 시간을 낭비하고 있는 건 아닐까 싶기도 했다. 공연이 끝나고 녹초가 되어 집으로 돌아왔는데 다음 날 아침 일찍 시험장에 갈 생각을 하면 왜 내가 이런 목표를 잡아서 생고생을 할까 싶었다.

미드 문장 10개 외우기도 처음에는 습관화시키기가 어려웠다. 그리고 고작 문장 10개를 외운다고 변화가 있을까 의구심이 자꾸 들었다. 하지만 이 목표는 스스로와의 약속이자 다짐이었다. "이것조차 지키지 못한다면 앞으로 무엇을 이룰 수 있단 말인가. 자신에게 부끄러워지지 말자. 보란 듯이 이뤄내 당당해지자." 이를 꽉 물고 다짐했다.

The world ain't all sunshine and rainbows.

이 세상은 결코 따스한 햇살과 무지개로만 채워져 있지 않아.

It's a very mean and nasty place and I don't care how tough you are it will beat you to your knees and keep you there permanently if you let it.

온갖 추악한 인간사와 더러운 세상만사가 공존하는 곳이야. 난 네가 얼마나 강한지는 관심 없다. 때로는 세상 앞에 무릎을 꿇게 될 것이고 그렇게 네 자신을 내버려두면 영영 거기서 벗어나지 못할 거다.

You, me, or nobody is gonna hit as hard as life.

하지만 너와 나, 그리고 그 누구도 아닌 사람들에게는 인생이란 건 결국 난타전이야.

But it ain't about how hard ya hit. It's about how hard you can get it and keep moving forward.

네가 얼마나 센 펀치를 날리느냐가 아니라 네가 끝없이 맞아가면서도 조금씩 전진하며 하나씩 얻는 게 중요한 거야.

How much you can take and keep moving forward. That's how winning is done!"

계속 전진하면서 말이야. 그게 바로 진정한 승리야.

내가 좋아하는 영화 중 하나인 〈록키 발보아〉의 대사이다. 난 이 대사를 읽을 때마다 잠재력을 갖고 있는 것과 잠재력을 발휘하는 것은 다르다는 생각을 한다.

우리는 자신에게 잠재력이 있는 것도 모른 채 "나는 안 돼." "쟤는 천재니까 나와 달라."라는 평계로 숨은 능력을 꽃 피우지도 않고 썩히고 있다. 남의 재능을 부러워하지 말고 내 안에 숨어 있는 잠재력을 발휘해보자. 열정은 강도가 아닌 지속성이다. 노력은 재능을 반드시 이긴다.

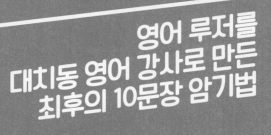

# 3장

영어 루저를
대치동 영어 강사로 만든
최후의 10문장 암기법

# 들어라, 들으면 뚫릴 것이다

언어에서는
말이 글보다 먼저다.
- 유시민

## 언어의 데이터베이스를 구축하라

뇌가 성장하는 시기에는 언어를 담당하는 뇌의 기관도 함께 발달한다. 그 시기에 적절한 언어적 자극을 받고 언어적 환경에 노출된 아이들은 뇌의 신경세포가 발달하고 언어 시스템이 구축된다.

EBS 다큐멘터리 〈언어 발달의 수수께끼〉에서 만 6개월 아이들을 대상으로 'L'과 'R' 발음을 구분할 수 있는지 테스트했다. 만 6개월 아이들은 처음 듣는 외국어 발음인 'L'과 'R' 발음을 구분했다. 하지만 만 12개월의 아이들은 두 발음을 구분하지 못했다.

우리는 모든 언어의 말소리를 구분할 수 있는 능력을 가지고 태어났다. 하지만 만 12개월 이후에는 자신이 처한 언어 환경이 아닌 다른 언어는 인식할 필요가 없기 때문에 필요한 모국어의 말소리만 인식하게 되어 이 기능이 사라지는 것이다. 한마디로 한국에서 자라는 아이는 한국어에 계속 노출되기 때문에 한국어 언어 데이터베이스가 계속 쌓이고 한국어를 더 잘 익힐 수 있게 세팅된다. 뇌에서 모국어 이외의 외국어는 필요 없는 소음으로 처리해버리는 것이다.

우리가 'L'과 'R' 발음이 익숙하지 않은 이유는 우리의 언어 데이터베이스에 없는 발음이기 때문이다. 경상도 사람들 중에 '쌀'을 발음하지 못하고 '살'이라고 발음하는 사람들이 있다. 이는 어릴 때부터 경상도 사투리에 계속 노출되어 그에 맞는 소리와 발음 시스템이 자리 잡았기 때문이다.

아이가 태어나면 엄마는 아이가 말을 못해도 끊임없이 말을 건다. 이해하지 못해도 아이는 엄마의 말에 반응하려고 노력한다. 그 자극에 지속적으로 노출되면 엄마의 말이 청각기관에 전달되고 음성 정보를 해독하기 위해 뇌 속 언어 기관이 발달하게 된다.

작은 빗방울도 오랜 세월 한곳에 떨어지면 거대한 바위에 구멍을 뚫는다. 처음 영어를 외국어로 접한 사람은 영어의 소리 자체가 생소하다. 우리나라 말에 없는 소리들이 있기 때문이다. R은

'ㄹ'로 발음할 수 없고 V도 'ㅂ'으로 발음할 수 없다. 그래서 우리
는 영어에 충분히 노출되어야 한다. 가능한 듣기 훈련을 많이 해
서 소리에 익숙해진 뒤 그 소리의 의미를 파악할 수 있는 단계까
지 나가야 한다.

홀륭한 셰프는 최고의 음식을 만들기 위해 그에 필요한 재료를
충분히 준비한다. 영어도 마찬가지이다. 원하는 영어 실력을 얻기
위해서는 충분한 인풋이 필요하다. 작은 물방울이 바위를 뚫듯 인
내심을 가지고 듣기 훈련을 차고 넘치게 해보자. 그럼 영어 귀, 영
어 말문은 반드시 뚫린다.


## Idaho를 이대호로 읽던 시절

캐나다에 도착했을 때 처음 접했던 영어는 외국인의 영어였다.
내 귀에는 혀 꼬부라진 소리로만 들렸다. 학교에서 수업을 듣는데
수업 내용을 알아듣지 못해 도저히 진도를 따라갈 수가 없었다.
'blanket'이란 단어를 몰라서 귀에 들리는 대로 'black kids'라고
시험지에 적었고 'Idaho(아이다호: 미국 북서부에 있는 주)는 미국
에 있다'는 글을 보고 '왜 우리나라 야구 선수 이대호가 미국에 있
지?'라고 생각할 정도로 영어를 못했다. 이대로 가다가는 정말 바

보처럼 살 것만 같았다. 자존심 하나는 누구에게도 뒤지지 않았던 사춘기의 나에게는 그야말로 치욕스러운 나날들이었다.

계속해서 망신당하고 싶지 않아 듣기를 연습하기로 결심했다. 텔레비전으로 좋아하는 NBA와 힙합 방송을 보며 알고 있는 내용을 영어로 들으며 이해하려고 했다. 어느 정도 지식이 있는 분야라 계속 들으니 '아, 저 소리가 이 뜻이구나.' 하는 게 점점 많아졌다. 수업 내용 중 이해가 가지 않는 부분은 mp3로 녹음해 집에 와서 반복해 들으며 내용을 조금씩 파악했다. 그렇게 하루 이틀 시간이 흐르고 정확히 4개월이 되던 때 갑자기 수업 내용이 귀에 들어왔다. 완벽하지는 않았지만 중요한 내용은 알아들을 수 있었고 무엇보다 외국인 친구들에게 무시당하지 않고 숙제를 할 수 있다는 사실이 기뻤다.

영어에 실패하는 가장 큰 이유 중 하나는 듣기 훈련에 실패하기 때문이다. 훈련과 연습은 고되고 지루하다. 하지만 그런 고되고 지루한 과정을 반복하고 또 반복했을 때 실력이 쌓이고 터닝 포인트를 넘으며 일취월장하는 것이다.

또 다른 이유는 처음부터 자신의 수준보다 어려운 내용을 들으려고 하는 것이다. 한국 사람들은 듣기 하면 CNN 뉴스를 생각한다. 생각해보자. 외국인이 우리말을 처음 배울 때 뉴스를 보며 각종 정치, 사회, 경제 용어들이 난무하는 내용을 들을까? 과연 얼마나 오래 지속할 수 있을까? 가장 먼저 자신의 수준을 파악하고 그 수준에서 살짝 어려운 것부터 도전해야 한다.

나는 영어 동화책이나 애니메이션을 추천한다. 어른들은 동화나 만화를 무시하는데 그 안에는 인간의 희로애락과 우리가 일상에서 사용하는 기본 어휘들이 다양하게 사용된다. 우선 내가 관심이 가는 것을 중심으로 열심히 들어보자.


## 딕테이션의 효과

### 1. 영어의 소리에 익숙해진다.

딕테이션dictation이란 '들리는 대로 받아쓰기'이다. 딕테이션 훈련을 거듭하면 들리는 소리와 내가 이해한 소리의 차이를 줄일 수 있다. 영어 듣기가 익숙하지 않다면 'a cup of coffee'라는 단어를 눈으로만 읽었을 때 '어컵오브커피'라는 소리로 머릿속에 저장된다. 하지만 이 단어의 실제소리는 '어커퍼커피'에 가깝다. 이처럼 반복적으로 딕테이션 훈련을 하면 우리 머릿속에서 알고 있는 단어의 소리와 실제 소리의 차이가 줄어든다.또한 영어 귀를 뚫리게 하는 것은 물론, 토익 등 시험 영어의 리스닝 테스트에도 많은 도움을 준다.

## 2. 이해 속도가 빨라진다.

생소했던 단어도 반복해서 들으면 익숙해지고, 문자화할수록 이해 속도도 빨라진다. 나는 'irreversible(되돌릴 수 없는)'이란 단어를 몰라 듣기 시험에서 문제를 틀린 적이 있다. 이후 오답노트를 쓸 때 'ir(반대)-reverse(뒤바꾸다)-ible(할 수 있는)'이 합쳐진 단어라는 걸 깨닫고, 강세와 억양을 반복해서 듣고 따라하며 단어를 받아 적었다. 익숙해질수록 속도는 빨라진다.

## 3. 내가 듣지 못하는 부분을 파악할 수 있다.

내가 특정 단어를 몰라서 듣지 못한 것인지, 그 단어가 문장에서 쓰일 때 문장의 강세나 연음 때문에 알아듣지 못한 것인지를 딕테이션 하며 파악해보아야 한다.

## 4. 문장구조에 대한 이해력이 높아진다.

"I apologize him."이라는 문장을 들었다고 칠 때 'apologize'라는 단어를 몰라서 들리는 대로 적으면 'I apple on jazz him.'이 된다. 그런데 문장을 보면 동사가 없다. 따라서 내가 적은 게 틀렸다는 걸 파악하고 어떻게든 알고 있는 동사로 바꿔보려 애쓸 것이다. 이렇듯 딕테이션을 하면 문장구조에 대한 이해력이 높아진다.

## 쉐도잉의 효과

### 1. 딕테이션보다 빠르고 효율적이다.

쉐도잉shadowing이란 '귀로 들으면서 동시에 입으로 따라 말하는 듣기 훈련법'이다. 딕테이션은 한 문장씩 받아쓰기 때문에 시간이 오래 걸린다. 영어 초보자는 짧은 문장을 딕테이션 하는 것부터 시작해서 어느 정도 익숙해지면 쉐도잉으로 바꿔야 한다. 쉐도잉은 장문이나 긴 독백을 듣는 데 효과적이다.

### 2. 듣기 실력과 동시에 말하기 실력을 키워준다.

듣기만 해서는 듣기 실력밖에 늘지 않지만 말하기를 하면 듣기

실력까지 향상된다. 입을 열어서 영어 문장을 따라 말하는 쉐도잉
은 듣기와 말하기 실력 모두 업그레이드시킨다.


### 3. 말의 리듬감을 익혀 발음이 좋아진다.

쉐도잉을 하면서 원어민의 문장 리듬과 발음, 강세, 억양을 모
사하기 때문에 발음과 전달력이 자연스럽게 좋아진다. 미국, 영국,
호주 등 다양한 나라의 원어민들의 발음을 쉐도잉 하면서 나라별
로 다른 발음에도 익숙해지자.


### 4. 듣는 동시에 우리말로 바로 뜻을 이해할 수 있다.

쉐도잉의 가장 강력한 효과는 듣는 동시에 우리말로 이해를 할
수 있다는 것이다. 정확하게 따라서 말하려면 소리sound는 물론 의
미meaning까지 알아야 하기 때문이다. 듣기 실력이 향상된다는 건
소리를 듣는 동시에 우리말로 이해가 되기 때문이다.


#### 쉐도잉 방법

1. 하루에 문장 10개를 한 문장씩 따라서 말해본다.
2. 앞뒤 문맥을 고민하며 내가 아는 단어로 최대한 말해본다.
3. 들리지 않는 부분은 10번 반복해 듣는다.
4. 모르는 단어와 문장은 단어장에 정리한다.
5. 처음부터 다시 10번 반복해서 들으며 따라 한다.

# 문법은 잊어라

책을 많이 가진 손이 머리보다 낫다.
- 리처드 부스

## 쉽고 재미있는 책을 고르자

　CNN 뉴스, 『뉴욕 타임스』, 『타임지』, 『뉴스 위크』. 영어를 잘하려면 꼭 거쳐야 하는 필수 코스로 알려진 것들이다. 하지만 영어 신문을 읽어야만 영어를 잘하는 것이 결코 아니다. 오히려 흥미를 떨어뜨려 영영 영어와 이별하게 만들 수도 있다.

　흥미가 없거나 어려우면 싫증을 내기 마련이다. 영어에 대한 흥미와 동기부여를 잃지 않는 것이 지속적인 학습을 위해서는 필수다. 자신이 좋아하는 동시에 쉽고 재미있어서 지금 당장 책을 펴고 읽고 싶은 수준의 책이어야 한다. 좋아하는 동시에 쉬운 것부터 시작하자. 그래야 자신감이 붙고 자신감이 붙은 상태에서 배운 것을 하나둘씩 써보며 3개, 4개, 10개로 확장시켜 나갈 수 있다.

일본의 신동 사유리 야노는 아이큐가 200이고 상위 0.01%의 천재 소녀로 10살에 대학교에 입학했다. 그녀는 여가 시간에 영화관이나 쇼핑몰을 가는 것이 아니라 도서관으로 향한다. 책은 그녀의 상상력의 원천이기 때문에 책을 고를 때 가장 행복하다고 이야기한다. 사유리의 어머니는 자신의 지식만으로는 부족했기 때문에 어려서부터 사유리와 도서관을 다녔다. 처음에는 쉽고 흥미로운 책부터 시작했고 책을 읽고 나서는 딸과 책에 대해 이야기했다. 이야기를 하며 내용이 정리되고 다른 질문이 생기면 그에 관련된 또 다른 책을 읽어 자연스럽게 독서 습관이 만들어질 수 있었다.

사유리의 오빠인 쇼 야노 역시 12살에 대학교를 졸업하고 시카고 의대를 다녔고 20살에 의대 대학원을 졸업했다. 쇼에게 독서는 연습의 시작이었다. 그는 독서를 많이 하기 때문에 다른 사람보다 연습을 더 많이 할 수 있었다고 말했다.

책을 읽으면 구조와 기술을 배울 수 있다. 싫어하는 종류의 책을 읽으라고 강요할 필요는 없다. 흥미로운 책을 읽다 보면 결국 공부에 도움이 된다. 독서를 하면 뇌의 광범위한 부분이 활성화되고 훈련을 거쳐 능숙해지면 더 빠른 시간에 많은 정보를 얻게 된다. 읽으면 읽을수록 익숙해지고 쉬워진다.

　글쓰기와 독서는 어떤 사람이 운동선수가 되고 싶어 하는 과정과 비슷하다. 독서는 매일 해야 한다. 자신의 독서 습관을 기르는 게 중요하다. 또한 독서는 습관 이전에 즐거움이어야 한다. 어려운 책이든 비슷한 수준의 책이든 혹은 자신이 좋아하는 책이든 독서를 하는 것이 중요하다. 영어로 된 동화책도 좋고 만화책도 좋다. 쉽게 시작해서 흥미를 붙이고 점차 난이도를 올리면 된다. 좋아하는 책을 찾고 그 책을 읽자.

## 문법은 영어 공부의 목적이 될 수 없다

　문법은 누구에게나 두려운 존재다. '문법'이라는 두 음절만으로도 우리들은 큰 압박감을 느낀다. 나도 수업을 준비하기 위해 문법책을 많이 봤지만, 항상 괴롭고 힘들었다. 가르치는 사람에게나 배우는 사람에게나 문법은 너무나 괴로운 존재다. 사실 문장의 5형식이나 현재완료 용법 등의 문법적 개념 따위는 영어를 제2외국어로 쓰는 나라에서 수업 시간에 학생들을 조금 더 쉽게 가르치기 위해 적당히 분류한 규칙일 뿐이다. 하지만 이렇게 탄생한 문법이 학생들이 영어를 싫어하게 만드는 최고의 요인이 되고 있다는 점은 아이러니다.

3형식, 4형식, 5형식, 직목, 간목, 주격관계대명사 등. 중학교 때 처음으로 문법의 형식을 배웠을 때 '영어는 어렵다. 형식이라니. 영어에도 수학처럼 공식이 있구나.'라는 생각이 들어 영어에 흥미를 잃어버렸다. 나는 한국에서 영어를 가르치기 전까지는 문장을 보고 몇 형식인지 구분할 수 없었다. 하지만 학생들에게 문법을 가르치기 위해 문법의 형식을 배워야만 했다. 문법을 배우며 느낀 것은 쓸데없는 것을 세분화하는 데에 시간과 노력을 쏟는다는 사실이다.

문법은 중요하다. 모든 언어의 뼈대이자 기둥이다. 하지만 건물을 만들려면 시멘트도 필요하고 창문도 필요하다. 영어를 처음 접할 때는 나무보다 전체적인 숲을 먼저 봐야 하지만 우리는 오로지 나무의 성분과 크기, 재질에만 집착해 현미경으로 들여다보다 복잡함에 질려버리고 만다. 문법은 왜 이렇게 우리를 괴롭히는 걸까?

하나의 단어를 읽거나 들을 때 원어민과 외국어 학습자가 사용하는 뇌의 영역이 같다. 그러나 단어를 조합해 사용하는 문법에서 'Cat the'가 아니라 'The cat'이라고 순서를 맞춰 말해야 하는 것처럼 복잡한 문법적 표현을 해야 할 때는 다른 뇌의 영역을 사용한다. 어휘와 문법을 다루는 뇌의 부위가 다르다는 이야기다.

기억에는 서술 기억과 절차 기억이 있다. 서술 기억은 어떤 사건, 사실, 사람, 장소, 지식 등 의식적인 학습을 통한 기억인 반면에 절차 기억은 어떤 기술이나 습관, 운동 능력, 악기 연주 등 오랜 시간 연습하고 훈련해서 익힌 기억을 말한다.

예를 들어 몽골의 수도가 울란바토르라는 사실을 알게 됐다면 이는 서술 기억으로 저장된다. 하지만 자전거 타는 법을 배우면 이것은 무의식적인 기억이므로 절차 기억이 되는 것이다.

원어민들은 자전거 타는 법이 몸에 익은 것처럼 문법구조를 생각하지 않고도 무의식적으로 말이 나온다. 우리가 한국어를 할 때 주어 먼저 목적어 먼저를 따지지 않고 자동으로 말이 나오는 것처럼 말이다. 하지만 원어민이 아닌 우리가 외국어 문법을 말할 때는 절차 기억이 아닌 의식적인 서술 기억을 사용한다. 모국어가 아닌 외국어 문법을 배우면 서술 기억으로 저장되어 의식적으로 생각해내야만 하는 것이다. 머릿속으로 문법구조를 생각해야 하기 때문에 시간이 걸리고 더딜 수밖에 없다.

그렇다면 우리는 원어민처럼 빠르고 신속하게 말할 수는 없는 것일까? 걱정하지 않아도 된다. 다행히도 우리에게 희망은 있다. 연구 결과 외국인도 반복 훈련과 연습을 통해 서술 기억을 절차 기억으로 바꿀 수 있다. 처음에는 문법 규칙이 생소하고 복잡해 의식적으로 생각해내야 하지만 꾸준한 연습을 통해 원어민처럼 무의식적인 절차 기억으로 바꿀 수 있다는 것이다. 결론은 자전거 타는 법을 자연스럽게 익히듯 반복적인 연습과 훈련으로 문법이란 장애물을 극복해내야 하는 것이다.

문법이 목적이 되어야 한다는 생각을 버리자. 문법은 영어 사용을 원활하게 도와주는 도구이지 목적 그 자체가 아니다. 문법을 '영어 도구' 또는 '영어 도우미'라고 이름 붙이면 왠지 마음이 가벼워진다. 자전거의 바퀴와 안장, 핸들이 아무리 훌륭해도 체인이라는 연결체가 없으면 자전거는 움직일 수 없다. 우리가 신경 써야 할 부분은 자전거 전체가 잘 굴러갈 수 있게 자전거 체인에 기름칠을 하고 잘 연결해야 하는 것이다.

언어는 사람의 생각과 상상만큼 자유롭다. 문법은 원활한 소통을 위한 도구이지 소통을 규제하거나 제한하기 위한 것이 아니다. 영어를 공부할 때 수단과 목적의 순서가 뒤바뀐 것이 아닌지 다시 생각해 보아야 한다. 형식에 얽매이지 말자. 내가 생각한대로 쓰고 내뱉고 틀리면 고치면 된다.

## 문장은 덩어리로 읽고 암기하라

글은 크게 단락과 문장, 그리고 문장을 구성하는 단어로 이루어져 있다. 영어 책이나 글을 읽을 때 독해가 어려운 이유는 문장 전체를 하나의 덩어리로 보지 않고 단어별로 끊어서 읽기 때문이다. 독서법 중에 음독법이라는 것이 있다. 글자를 한 글자, 한 글자를 속으로 소리 내며 따라 읽는 독서법으로 책을 읽는 데 시간도 오래 걸리고 글자 하나하나에 집중한 나머지 전체적인 내용 파악에도 어려움이 생긴다.

　뛰어난 수영 선수는 팔의 각도나 발 차는 횟수에 집착하지 않는다. 끝없는 훈련을 통해 몸에 익숙해진 큰 동작을 한 덩어리로 묶어 생각한다. 영어로 된 글을 읽을 때도 마찬가지다. 문장 단위로 의미를 파악하고 묶어서 읽으면 독해 속도가 빨라질 뿐만 아니라 이해력도 높아진다.

　뒤에서 설명하겠지만 단어도 문장 안에 넣어서 문장을 통째로 외워야 한다. 학원에서 아이들을 가르칠 때 아이들이 가장 힘들어 했던 것은 영어 단어 시험이었다. 아이들은 어려서부터 단어를 하나씩 외우는 습관에 길들여져 단어별로 글을 읽는 습관이 들어 있었다. 학원에서는 영어 단어를 주고 한글로 뜻을 적는 시험을 보았는데 아이들은 그 당시에는 단어를 외웠지만 시간이 지난 후 다시 시험을 보면 대다수가 기억하지 못했다. 실제로 그 단어가 문장에서 어떤 역할을 하고 어떤 뉘앙스로 사용되는지 용도와 용법을 정확히 모르기 때문이다. 단어는 잠깐 외웠지만 그 단어로 문장을 어떻게 만드는지 모르니 머리로만 알고 사용하지 못하는 무용지물이 돼버렸다. 영어 문장을 현미경으로 세세하게 보는 버릇은 버리고 덩어리로 묶어 크게 보는 습관을 갖자.

This Korean food is better than any other food I've ever had.

위의 문장을 봤을 때 대부분의 영어 초보자들은 단어별로 끊어 읽는다. 그러면 효과적으로 읽을 수 없다.

1. 문장의 주어와 동사를 찾는다.

문장의 필수 요소는 주어와 동사다. '사람이 ~을 한다.' '사물이 ~한 상태이다.' 단순하게 생각하면 영어의 모든 문장은 이 두 가지 형식 중 하나다. 따라서 가장 먼저 주어와 동사를 찾아야 한다.

**This Korean food is better** than any other food I've ever had.
　　　　　주어　　　　　　　동사

2. 의미 덩어리 단위로 끊어 읽는다.

주어와 동사를 찾았다면 나머지는 의미 덩어리 단위로 끊어 읽는다. 품사나 전치사는 신경 쓰지 말고 오로지 의미만 찾자.

This Korean food / is better / than any other food / I've ever had.

이 한국음식이 / 더 좋다 / 다른 어떤 음식보다 / 내가 지금까지 먹어본.

이런 식으로 의미 덩어리 단위로 끊어서 해석하면 이해가 훨씬 쉽다.

Yesterday, **all my troubles** / **seemed** so far away.
　　　　　　주어　　　　　　동사

어제, 내 모든 어려움이 / 멀리 사라진 것 같았어.

Now **it looks** / as though they're here to stay.
　　주어　동사

지금은 보여 / 마치 그것들이 여기에 머무는 것처럼.

위의 문장처럼 의미 덩어리로 끊어서 아래 순서로 읽고 말하고 암기한다.

3. 한 문장씩 입으로 소리내 읽어본다.

4. 한글을 보고 영어 문장으로 말해본다.

5. 바로 말할 수 있게 10번 반복한다.

Twenty years from now / **you will be** more disappointed / by the things you didn't do /than by the ones you did do.

20년 후 당신은, 당신이 했던 일보다 하지 않았던 일로 인해 더욱 실망하게 될 것이다.

So **throw off** the bowlines. **Sail away** from the safe harbor.

그러므로 돛 줄을 던져라. 안전한 항구를 떠나 항해하라.

**Catch** the trade winds /in your sails.

당신의 돛에 무역풍을 가득 담아라.

Explore. Dream. Discover.

탐험하라. 꿈꾸라. 발견하라.

이렇게 문장 하나를 통째로 외워서 사용하면 이 패턴을 변형해 더 다양한 말을 사용할 수 있게 된다. 말은 내용을 전달하는 수단 이다. 복잡하거나 어려운 단어를 사용하려는 욕심을 버리면 의외 로 쉬워진다. 이미 내가 알고 있거나 간단한 핵심 문장을 바꿔서 사용하면 편하다.

# 초단기 문법 마스터 비법

## 1. 마음에 드는 쉬운 문장부터 시작하라.

나는 글을 읽거나 드라마를 보다가 마음에 드는 문장이 생기면 입으로 중얼거리면서 따라 했다. 문법책을 사서 처음부터 끝까지 다 보려고 계획하는 건 영어를 포기하는 가장 쉬운 지름길이다. 문장을 외우다 왜 이런 규칙이 생기는 건지 의문이 들 때 문법책에서 그 부분을 찾아보면 된다. 나는 영어를 가르치기 전까지 관계대명사와 관계부사의 명칭도 몰랐고 구분하는 기준도 몰랐다. 그저 문장을 통째로 외우고 익혔기 때문에 자연스럽게 배웠다. 많이 읽고 외워서 올바른 문장의 데이터베이스를 축적하자. 우리가 한국어 문법을 따로 공부하지 않아도 독서를 많이 하면 한글 맞춤법이나 문법이 좋아지는 것과 같은 원리다.

## 2. 한 가지 문장을 10가지 예문으로 변형하라.

'I love English.'라는 문장을 배웠다면 주어와 동사들을 바꿔보며 한 가지 패턴으로 여러 문장을 암기할 수 있다. 'I loved

English.' 'I didn't love English.' 'He loves English.' 'She doesn't love English.' 이런 식으로 주어의 인칭과 동사의 과거형, 부정형을 문장 형태로 자연스럽게 익히는 것이다. 한 가지 문장을 10가지 문장으로 변형시켜보자.

## 3. 입으로 소리 내어 10번씩 반복하자.

마지막은 입으로 소리 내어 반복하는 것이다. 입으로 소리 내어 반복해서 말하면 더 쉽고 빠르게 외울 수 있을 뿐만 아니라 실전 회화에도 도움이 된다.

## 4. 토익 기본서를 활용하라.

토익 시험을 준비하거나 문법을 제대로 공부하고 싶다면 토익 리딩 기본서를 추천한다. 나는 머릿속으로 막연히 알고 있던 문법 지식을 토익 공부를 하면서 확실히 정리할 수 있었다. 토익 문법의 장점은 실용적이라는 점이다. 학교 다닐 때 배웠던 문법책은 실제로 사용하지 않는 문법 지식까지 담아 쓸데없는 에너지를 낭비한다. 하지만 토익 문법은 비즈니스 영어를 위한 기초 지식을 담고 있기 때문에 그리 까다롭지 않고 체계적으로 정리가 잘 되어 있다. 토익 기본서의 문법만 알면 우리가 알아야 할 문법 지식은 충분하다.

# 어학연수를 이기는 5가지 스피킹 법칙

훌륭한 인간의 두드러진 특징은
쓰라린 환경을 이겼다는 것이다.
- 베토벤

## 기본 단어만 말하면 된다

해외에서 공부한 경험이 없이도 영어를 잘하는 사람들의 대표적인 공통점은 바로 입으로 소리 내 말하는 습관이다. 대한민국 사람들은 어릴 적부터 영어에 부담을 가지고 있고 머릿속에서 완벽한 문법과 단어를 사용할 때까지 입 밖으로 꺼내려 하지 않는다. 나 역시도 그랬다.

우리나라와 마찬가지로 영어가 외국어인 핀란드 사람들은 길을 묻거나 상점에서 물건을 살 때 거침없고 능숙하게 말하고자 하는 바를 영어로 표현한다. 전문가들이 조사한 결과 그들 대부분은 불과 1000단어 안에서 자신이 원하는 문장을 만들고 내뱉고 있었다. 중학교 1학년 수준만 되어도 일상에서의 간단한 대화가 가능하다는 이야기다.

우리나라 사람들이 토익 900점이 넘어도 막상 영어 한마디 제대로 못하는 이유는 영어를 입 밖으로 말하지 않기 때문이다. 지금까지 책상에 앉아서 영어를 듣고 읽고 문제 푼 시간 중 직접 입으로 말해본 시간이 얼마나 되는지 계산해보자. 정말 얼마 되지 않는다.

우리의 뇌는 귀로 듣는 부위와 입으로 내뱉는 부위가 다르다. 영어를 들을 때는 뇌의 청각피질에서 언어를 듣거나 이해하는 영역인 '베르니케 영역Wernicke area'으로 이동한다. 하지만 영어를 입으로 말할 때는 언어의 구사 능력에 관여하는 '브로카 영역Broca's area'에서 운동피질로 이동한다. 애초에 듣고 말하는 것을 담당하는 뇌의 부위 자체가 다른 것이다. 그래서 아무리 많이 들어도 입을 열어 말하는 연습을 하지 않으면 스피킹 실력을 키울 수 없는 것이다.

다행히도 우리의 뇌는 변화에 빨리 적응한다. 우리 뇌 속에는 140억 개의 뉴런이라는 신경세포와 뉴런을 이어주는 수천억 개의 시냅스가 있다. 뇌 속 신경세포를 이어주는 시냅스는 해당 부위의 뇌를 사용할수록 양이 늘어나고 두터워진다.

영어를 처음 접할 때 우리의 뇌는 시냅스의 양이 적고 얇은 오솔길 같다고 한다. 하지만 반복적으로 연습하고 훈련해서 '영어로 이해하고 말하는 뇌'를 지속적으로 사용하면 시냅스가 두터워져 오솔길에서 고속도로로 변하게 된다. 그렇게 되면 영어를 이해하고 말하는 처리 과정과 속도도 빨라진다.

입으로 말하는 것의 또 다른 장점은 말하는 동시에 내가 말하는 소리를 들으면서 듣기 연습까지 할 수 있다는 것이다. 스마트폰의 녹음기를 켜놓고 녹음해서 들어보거나 카메라 동영상으로 찍어본 후 소리와 말하는 얼굴의 근육까지 확인하면 더욱 효과적이다.

### 1. 일단 내뱉고 보자.

우리는 말을 내뱉기도 전에 머릿속에서 완벽한 문장을 만들고 있다. 입으로 내뱉고 말하는데 익숙하지 않다. 느리고 더뎌도 좋다. 입을 여는 것부터 시작이다. 알고 있는 단어와 문장을 조합해서 최대한으로 표현해보자. 말하고 싶은 단어와 표현은 사전을 찾아 정리하고 입으로 반복해서 말해보자.

### 2. 단어만 말해도 괜찮다.

완전한 문장을 만들지 않아도, 알고 있는 단어들부터 내뱉어도 상대방은 잘 알아듣는다. 우선 의사소통이 되면 자신감이 생기고 더 많은 단어와 문장을 말할 수 있게 된다. 간단한 단어부터 내뱉어보자. 일단 입을 열면 그 이후부터는 수월해진다.

### 3. 알고 있는 단어와 문장을 조합하자.

이전에 공항에서 갑자기 '신분증identification card'이라는 단어가 생각나지 않아서 알고 있는 단어를 조합해서 'my citizen information card'라고 설명한 적이 있다. 상대방은 별 문제없이 알아들었다. 정확한 단어를 사용하면 가장 좋지만 기억나지 않거나 모를 때는 주저하지 말고 알고 있는 단어로 바꿔서 사용해보자. 외국인들은 생각보다 잘 알아듣고 이해력이 좋다는 사실을 우리는 잊지 말아야 한다.

### 4. 기본 명사 10개, 동사 10개, 형용사 10개를 활용하자.

일상생활에서는 특별히 어려운 단어나 문법구조를 사용하지 않는다. 우리가 학교에서 배운 기본적인 영어 단어만으로도 의사소통은 충분하다. 단지 알고 있는 것을 활용해보지 않았기 때문에 어려운 것이다. 기본 명사 10개, 많이 사용하는 핵심 동사 10개와 수식 형용사와 부사 10개를 골고루 섞어서 사용해보자. 별거 아닌 것처럼 보이는 조합으로 1000개의 문장을 만들 수 있다.

안양 귀인초등학교에서는 학생들을 대상으로 한 가지 실험을 했다. 한 달간 영어책을 읽고 입으로 소리 내 따라 하는 것이었다. 한 달 후 학생들은 원래 영어 실력에 관계없이 독해력, 발음, 이해 속도가 이전보다 30% 이상 발전했다. 원래 영어 실력이 낮았던 아이들은 40% 이상 발전했다.

우리는 책을 읽을 때 눈으로만 읽는다고 생각한다. 눈으로 읽고 입으로 소리 내어 말했을 때 훨씬 더 효과적인 공부 방법이 된다.


## 중요한 건 강세와 억양이다

중국어를 공부하고 있는 요즘, 공부에 발목을 잡는 것이 있으니 바로 성조다. 중국어는 같은 단어라도 끝을 높이느냐 내리느냐에 따라 뜻이 달라져서 억양이 굉장히 중요하다. 그래서 나는 중국어 연습을 할 때 손가락으로 높낮이를 그리면서 따라 말한다. 그러면 말의 어조를 높이고 낮추는 데 도움이 된다. 또한 영어의 L과 R처럼 중국어에도 한국어에 없는 발음인 'shi'나 'zi' 'yu'가 있다. 영어를 공부할 때처럼 성대모사를 한다고 생각하고 원어민의 발음을 입 모양과 소리 모두 모사하려고 노력 중이다. 외국어 발음은 우리나라 언어 체계에 없는 소리다. 따라서 우리나라 말로 소리를 내려고 하지 말고 새로운 발음 체계를 만들어내기 위해 계속 듣고 성대모사하며 새로운 소리를 내려고 해야 한다.

영어와 한국어의 가장 큰 차이점은 강세와 억양의 차이다. 한국어는 문구가 숨 쉬는 간격으로 이루어지는 음절, 문구 단위의 발성인 반면 영어는 음절을 올렸다 내렸다 하는 억양과 음절의 강약을 조절하는 악센트, 즉 강세 단위의 발성이다. 영어에서 억양과 강세는 의미 전달을 위해 반드시 필요한 존재다.

예를 들어 '버니는 학교에서 영어 공부를 하고 있다.'라는 문장을 우리는 '버니는∨학교에서∨영어 공부를∨하고 있다.'라고 읽는다. 높낮이는 일정하며 숨 쉬는 간격으로 끊어 읽는다. 하지만 영어 'Burnny∨is studying∨English at school.'은 강세를 'studying English'에 둬서 영어 공부를 하고 있다는 사실을 강조한다.

실제로 혀를 현란하게 굴리는 발음보다 정확한 강세 위치를 사용하고 억양의 높낮이를 적절히 사용할 때 원어민들은 영어를 잘한다고 느낀다. 영어에는 리듬이 있기 때문이다. 대화를 할 때 우리는 단어가 아닌 문장으로 대화한다. 문장 속 수많은 단어 모두를 완벽히 발음하려는 건 욕심이다. 그것보단 한 문장 전체의 리듬을 살려 온전히 전달하려고 계속 시도해보자.

## 연음에 유의하라

　연음이란 이어지는 음이라고 생각하면 쉽다. 예를 들어 우리말 중에 '그녀가 길 위에서 넘어졌다.'를 발음으로 표기하면 '그녀가 기뤼에서 너머졌다'라고 표기된다. 이런 식으로 연음은 앞 음절의 자음으로 끝나는 단어가 모음으로 시작하는 단어와 만나서 발생하는 현상이다. 영어에는 특히 이런 연음 현상이 많다. 예를 들어 'talk(대화하다)'와 'about(~에 대해)'이라는 두 단어를 따로 읽으면 '토크 어바웃'으로 발음하지만 실제로는 '토커바웃'이 된다. 만약 'We talk about the past presentation.'이라는 문장을 들으면서 암기했다면 연음에 자연스럽게 익숙해진다. 'Take out[테이크 아웃]' 또한 마찬가지다. 유난히 커피숍이 많은 우리나라에서 익숙한 단어다. 실제 발음은 '테이카웃'이 된다. 또한 'next customer'는 'next'의 't'발음과 'c'발음이 겹쳐져 't'가 생략되고 '넥스커스터머'로 발음한다.

　이런 연음이 어려운 이유는 영어 단어만 뚝 떼어서 공부하기 때문이다. 단어가 모여서 문장이 만들어지고 그 안에서 한 단어가 다른 단어와 만날 때 바뀌는 발음에 익숙해져야 한다. 단어만 따로 공부하지 말고 단어가 포함된 전체 문장을 반복해서 들으며 외우면, 연음에 익숙해지고 귀는 점점 뚫리게 된다.

## 플랩 t 발음에 유의하라

'플랩 t' 발음을 들을 때도 유의해야 한다. 미국에서 'water'는 '워러'로 발음한다. 't'가 모음 앞에서 'ㄹ' 발음으로 바뀌는 현상 때문이다. 물론 미국이 아닌 영국이나 호주에서는 플랩 t 발음을 사용하지 않고 't' 발음 그대로 사용한다.

'negative'라는 발음을 캐나다에서 알아듣지 못한 적이 있다. 친구가 계속 "네개립"이라고 말하기에 들리는 대로 'negarrive'이라고 적었던 기억이 있다. 플랩 발음에 익숙하지 않은 나는 플랩 t 발음을 'r'로 들었던 것이다.

'get it out of the room'이라고 하면 '게리라우러더룸'으로 들린다. 특히 미국식 영어에 이러한 플랩 발음이 많기 때문에 많이 듣고 따라 해서 소리 변화에 익숙해지자.

## don't, can't 묵음에 유의하라

'I don't know.'는 '아이 돈트 노우'가 아니라 '아런노우'로 발음되며 't'가 묵음 처리된다. 'I can't do it.'에서 '캔트'도 마찬가지로 '캔'으로 발음되는데 많은 학생들이 'I can do it.'과 'I can't do it.'을 들을 때 구분하기가 힘들다는 질문을 많이 한다. 같은 '아이 캔 두잇'으로 발음되기 때문이다. 여기서는 강세로 구분이 된다. 'I can do it.'은 '나는 할 수 있다'는 사실을 강조하기 때문에 한다는 행위를 나타내는 do에 강세를 주지만 'I can't do it.'은 '할 수 없다'는 사실을 강조해야 하기 때문에 do가 아니 can't에 강세를 준다. 영어는 한국어와 달리 강세가 많이 등장하기 때문에 강세가 들어가는 단어는 잘 들리는 반면 나머지 단어들은 발음을 또렷이 하지 않고 흘려 말하거나 빨리 말해 알아듣기 어려울 때가 많다.

영어를 공부하고 가르치면서 영어는 유달리 실용성과 효율성을 추구하는 언어라는 점을 느끼게 된다. 뒤 문장에서 앞 문장의 단어를 중복해서 말하는 걸 꺼려해서 주어를 생략하기도 하고 한 문장에서 필요한 단어에는 강세를 주고 덜 중요한 단어는 강세를 덜 주거나 묵음 처리한다. 한마디로 쓸데없는 건 없애고 말하고자 하는 핵심 내용만 강조하는 언어인 것이다. 영어는 중복과 복잡함을 싫어하고 단순 명료함을 추구하는 언어라는 걸 기억하자.

# 단어는 문장으로 암기하라

내가 알고 있는 것 중 가장 큰 것이
내가 모르고 있는 것 중 가장 작은 것보다 작다.
- 존 스튜어트

## 단어는 문장의 일부다

단어를 하나하나를 떼어놓고 한국어와 일대일 대응하면서 외우는 방법은 효과적이지 않다. 예를 들어 'word'와 'vocabulary' 둘 다 '단어'라는 한국어와 대응시킬 수 있다. 과연 두 단어는 같은 뜻일까? 정확하게 이해하기 위해서는 한 문장 안에서 어떤 뉘앙스로 사용하는지에 익숙해져야 한다.

실제로 우리는 많은 시간을 단수 복수 'a'가 붙느냐 'the'가 붙느냐에 신경을 쓴다. 토익 스피킹에서도 그런 사소한 실수는 넘어

간다고 한다. 나 역시도 스피킹 시험을 볼 때 그런 사소한 문법 실수를 했지만 만점을 받았다.

중요한 것은 지나치게 사소한 규칙까지 하나하나 따져보고 물고 늘어지는 것이 아니라 전체 맥락 안에서 얼마나 적절하게 사용하고 있느냐가 중요하다. 자동차의 부품은 대략 25000개라고 한다. 이것을 하나하나 떼어놓으면 쓸모없는 철근 덩어리에 불과하지만 그 작은 것들이 모이고 유기적으로 결합하면 자동차라는 하나의 훌륭한 완성품이 탄생하는 것이다.


## 영어 뇌를 만드는 영영사전 활용법

영어를 잘하기 위해서는 영어 뇌를 만들어야 한다. '브레인 소킹(뇌 적시기)Brain Soaking'이라고 하는데 영어를 영어 그 자체로 이해하기 위해서 필요한 일이다. 우리는 모국어가 아닌 외국어로 영어를 배웠기에 영어를 한국어로 해석하고 이해하려 한다. 그래서 영어로 말을 만들어낼 때 시간이 오래 걸리고 절차가 복잡해진다. 영어를 영어로 이해하고 생각할 수 있게 영어 그 자체에 내 뇌를 적셔야 한다.

영어 뇌를 만들기 위한 방법은 바로 영영사전을 이용하는 것이다. 한 단어의 뜻을 영어로 풀이하고 이해하면 모국어의 뇌를 거치지 않고 바로 이해할 수 있다.

영어는 세계의 언어 중 유일하게 백만 개가 넘는 단어를 가진 언어다. 단어가 너무 많아 포기할 것인가? 어차피 모든 영어 단어를 외우는 것은 불가능하다. 지금도 하루에 14.7개의 신조어가 생겨난다. 중요한 것은 가장 많이 사용하고 내가 자주 사용할 분야의 어휘를 중심으로 공부하는 것이다.

## 창조하지 마라, 조합하라

영어를 문장으로 정리하는 이유는 한글과 영어의 구조가 다르기 때문이다. 한국어를 영어로 직역하면 상당히 어색하다. 구글 번역기, 네이버 번역기를 써본 사람들은 다들 경험해 보았을 것이다.

TV 프로그램 〈꽃보다 청춘〉을 보면 배우 조정석이 아이슬란드에서 핫도그를 주문하기 위해 번역기를 사용한다. 조정석이 번역기에 대고 "핫도그 세 개 주세요."라고 말하자, "3 hot dogs please."가 아니라 "Please hot dog world."로 번역되었다. '세 개'를 '세계'로 인식한 오류였다.

Due to deteriorating weather conditions, I had to cancel my trip.

기상 악화로 나는 여행을 취소해야만 했다.


　문법적으로는 맞지만 실생활에 잘 사용하지 않는 조금 어색한 문장이다. 차라리 아래 문장이 더 매끄럽다.

The bad weather made me cancel the trip.


　이처럼 책과 뉴스, 드라마, 영화를 통해 실제로 사용하는 다양한 구조와 문장 표현들을 익혀놓고 사용해야 한다. 사람들이 말을 내뱉거나 영작을 할 때 새롭게 '창조'해야 한다고 생각하는데 이는 잘못된 생각이다. '창조'하는 것이 아니라 내 머릿속에 있는 재료들을 알맞게 골라서 '조합'하는 것이다. 조합을 위해서는 머릿속에 다양한 재료가 준비되어 있어야 한다. 다양한 재료의 조합의 가능해지면 수동적으로 알아만 듣는 지식에서 능동적으로 꺼내서 사용할 수 있는 지식으로 변한다. 언어는 '사물'이 아닌 '생물'이다. 딱딱하고 기계적인 말보다 살아서 팔딱팔딱 움직이는, 살아 있는 말을 사용하자.

# 영어 단어 암기법

## 1. 영어 단어는 예문을 만들어 단어장에 적는다.

단어는 문장 안에 쓰이기 위해 존재한다. 단어만 따로 외워서는 실제로 써먹을 수가 없다. 내가 이해하고 외운 단어가 실제로 문장에서 어떤 의미로, 어떤 상황에서 쓰이는지 문장 전체로 써봐야 한다.

## 2. 영영사전을 통해 영어로 뜻을 이해한다.

영어로 영어를 설명하면 영어에 대한 인지구조가 높아진다. '푸르스름하다'를 영어로 대응시킬 수 없듯이 영어도 한국어로 바꿀 수 없는 표현이 있다. 예를 들어 햄버거는 한국어로 표현할 방법이 없어 그냥 햄버거다. 북한에서는 외래어를 금지해서 우리가 볼 때 재미있는 단어들이 많다. 햄버거를 고기겹빵이라고 쓴다. 조금 더 이해가 쉬워진다. 영영사전에서는 햄버거를 'a patty of minced beef, fried or grilled served in a bread roll(튀기거나 구운, 다진 소고기 패티를 넣은 빵)'이라고 표기한다. 19세기에 '함박'이라는 게르만어에서 유래되었다고 자세하게 나온다. 이처럼 영영사전은 그 단어의 의미를 좀 더 명확하고 포괄적으로 사용할 수 있게 도와준다. 조금 귀찮고 영어 투성이라 낯설지만 자주 사용해서 익숙해지자.

### 3. 나만의 단어장을 만들자.

남이 써놓은 책은 내 것이 아니다. 수업 시간에 선생님의 말씀을 필기한 노트는 선생님의 지식이 내 것이 되었다는 증거이다. 내 글씨체와 손때가 묻어 손이 자주 간다. 물론 초보자나 초급의 실력이라면 영어 단어책을 봐야 한다. 모르는 단어가 너무 많기 때문에 일일이 다 쓸 수가 없다. 영어 단어책을 보면서도 계속 틀리거나 잘 외워지지 않는 단어부터 적으면서 나만의 단어장 만들어보자. 그렇게 하나둘 쌓인 단어는 온전히 나의 것이 된다.

# 단 10문장으로 완성하는 글쓰기 훈련

**글쓰기는 티끌 모아 태산이다.**
– 유시민

## 10문장이면 완벽하다

초등학교 때 가장 하기 싫었던 일 중 하나가 방학숙제였다. 그 중 가장 고역은 바로 일기였다. 두 달 동안 하나도 쓰지 않다가 개학 전날 하루 만에 두 달간의 삶을 기억해 일기를 쓰기도 했다. 일기는 그 당시 나에게는 고문과 같았다. 일기가 힘들었던 이유는 첫 번째, 매일 써야 한다는 것이다. 우리의 일상은 매 순간이 소중하지만 특별히 다르지 않은 날도 많다. 어제와 똑같은 오늘이 많기 때문에 어제와 똑같이 쓰면 안 된다는 압박감에 사로잡혀 스트레스를 받곤 했다.

두 번째는 한 쪽을 다 채워야 한다는 것. 정해진 양을 채워야 한다는 압박은 스트레스였다. 특별히 기억할 만한 일이 없던 날도 양을 채우기 위해 말을 길게 늘이고 이야기를 꾸며서 지어내야 했다.

영어 글쓰기에서는 위의 두 가지 규칙을 버리자. 매일 쓰지 않아도 되고 양을 다 채울 필요도 없다. 흔히 '티끌 모아 티끌'이라는 이야기를 한다. 하지만 글쓰기는 다르다. 첫 단어조차 뭐라고 써야 할까 망설이다 포기하고 만다.

나는 딱 문장 10개를 쓰면서 글쓰기를 시작했다. 그러다 보니 첫 문장 10개가 다음 날은 한 페이지가 되고 마침내 한 편의 글이 탄생했다. 글쓰기를 하면 자연스럽게 독해력과 문법 어휘를 사용하게 되고 내 생각이 들어가 말할 때도 도움을 준다. 일기를 쓰다 사용하고 싶은 단어를 찾아보며 익힐 수 있고 내 것으로 만들 수 있다.


## 10문장 쓰기 법칙

### 1. 매일 문장 10개씩 쓰는 습관을 가져라.

처음부터 긴 분량의 에세이를 쓰려고 하지 말자. 문장 10개면 충분하다. 하고 싶은 말을 간결하게 문장 10개로 시작하면 글쓰기가 점차 쉬워진다. 중요한 것은 매일 써서 글쓰기 근육을 기르는 것이다. 글도 쓸수록 실력이 는다. 처음부터 큰 욕심을 가지지 말고 하루에 딱 문장 10개로 시작해보자.

### 2. 어순을 반대로 써라

영어와 한국어의 가장 큰 차이는 동사가 나오는 순서다. 한국어는 동사를 제일 마지막에 말하는 반면 영어는 동사를 주어 바로 다음에 말한다. 영어는 화자 중심의 언어로 듣는 대상보다 말하는 사람 중심의 언어다. 또 한국어는 큰 것부터 말하는 반면 영어는 작은 것부터 말한다. 예를 들어 '나는 서울시 강남구 수서동에 삽니다.'를 영어로는 'I live in suseodong, gangnam, Seoul.'이라고 쓴다.

### 3. 사물을 사람이라고 생각하라.

영어와 한국어의 차이 중 하나는 영어는 반드시 주어를 쓰는 반면 한국어는 주어를 생략하기도 한다는 점이다. 예를 들어 한국어로 대화할 때 "밥 먹었어?", "어, 밥 먹었어."라고 하지 "너는 밥 먹었어?" "어, 나는 밥 먹었어."라고 하지 않는다. 반면 영어는 의문문과 평서문 모두 주어가 꼭 들어간다. 주어가 들어가지 않고 동사가 바로 나오면 명령문 형태가 된다.

길거리의 표지판을 보고 영어로 말하라고 하면 한국인들은 "There is a stop sign(멈춤 표시가 있다)."이라고 하는 반면 외국인들은 "The sign says to stop(그 표지판은 멈추라고 말한다)."이라고 한다. 한국어로는 사물이 말을 한다니 어색하게 들리지만 영어는 주어를 반드시 쓰기 때문에 사물도 주어로 사용한다. 이런 용법에 익숙해지기 위해 'there is' 구문보다는 사물을 살아 있는 주어로 생각하며 써보는 연습을 많이 하자.

### 4. 문법에 얽매이지 마라.

영어 글쓰기가 어려운 이유는 문법에 신경 쓰기 때문이다. 이 문장이 맞을까 틀릴까 계속 고민하다 보면 한 문장도 쉽지 않다. 일단 내가 아는 지식 안에서 최대한 많이 써보자. 글은 틀리고 고치기 위해 존재한다. 실수하면서 배워야 한다. 써보지 않으면 내가 아는 것과 모르는 것을 구분할 수 없고 새로운 것을 배울 수 없다. 문법에 얽매이지 말고 자유롭게 써보자.

# 기적의 10·10·10 법칙

가장 위대한 영광은
한 번도 실패하지 않음이 아니라
실패할 때마다 다시 일어서는 데에 있다.
– 공자

## 하루 10분, 10문장만 반복하라

A형, 완벽주의자, 프로계획러. 나의 또 다른 이름이었다. 나는 언제나 완벽한 계획을 세웠다. 대학교에 다닐 때는 수면 시간, 하루에 공부할 분량을 꼼꼼히 계획했다. 하지만 빼곡하게 적힌 나의 다이어리에는 ○보다 ×가 더 많았다. 계획은 그 누구보다 잘 세웠지만, 남은 건 실행하지 못한 계획이 적힌 다이어리 한 권이 전부였다. 나의 계획은 계획을 위한 계획에 불과했던 것이다.

중요한 건 완벽한 계획이 아니라 사소한 실천이었다. 나는 어릴 때부터 부모님의 영향으로 자기계발서를 300권쯤 읽었다. 성공한 사람들의 습관과 원칙을 머리로는 알고 있었지만 실천해서 내 것으로 만들지는 못했다. 각 분야에서 성공한 사람들을 살펴보면 계획보다 실천에 더 힘을 기울였음을 볼 수 있다. 완벽한 계획은 계획을 세울 때는 그럴듯해 보이고 뿌듯하지만 얼마나 실천 가능한 계획이냐가 중요하다. 계획은 실천하기 위한 밑그림이자 청사진 그 이상도 이하도 아니다. 거창한 계획은 빛 좋은 개살구, 팥 없는 찐빵에 불과하다.

우리는 학교에 다니느라 직장에 다니느라 시험을 준비하느라 너무나 바쁘다. 영어를 업으로 삼지 않는 이상 하루의 대부분을 영어에 투자할 수 없다. 나 역시 토익 만점을 목표로 세웠지만 대학로에서 연극 공연이 한창이었다. 책상에 앉아서 영어에 투자할 수 있는 시간은 별로 없었다. 그때 선택한 방법은 사소한 실천이었다.

하루 10분, 문장 10개를 10번 반복해서 외운다. 그것이 내 계획이었다. 하루 10분은 아무리 바빠도 만들 수 있는 시간이었고, 10분 안에 10번 반복해서 문장 10개를 외우는 것은 누구나 할 수 있는 계획이었다. 처음에는 고작 이걸로 될까 싶었지만 한 달 만에 달라진 영어 실력을 느끼면서 의심은 눈 녹듯 사라졌다.

누군가는 하루에 문장 10개를 사소하다고 생각할지도 모른다.

목표가 높으면 턱없이 부족한 양과 시간이다. 하지만 내가 강조하는 것은 실천 그 자체에 있다. 처음에는 10분만 하자고 했던 것이 짬짬이 시간을 모으니 하루 6번, 한 시간이 되었고 점점 늘어나 두 시간, 세 시간이 되었다. 티끌이 모여 거대한 산이 된 것이다. 10문장의 힘을 직접 체험한 나는 수업 중에 학생들에게 늘 강조한다.

"네 시작은 문장 10개였으나 그 끝은 유창하리라."


## 10일 안에 1000문장 외우기

중국 『사기』에서 전해지는 사자성어 중에 문일지십聞─知十이란 말이 있다. 하나를 가르치면 열을 안다는 뜻으로 우리나라에서도 자주 사용하는 말이다.

영어도 마찬가지이다. 영어를 효율적으로 공부하기 위해서는 하나를 배우면 열을 알아야 한다. 나는 독학으로 영어 공부를 할 때, 연기 활동과 영어 공부를 병행해야 했기 때문에 시간이 늘 빠듯했다. 무조건 영어 문장과 단어를 달달 외우는 것도 힘만 많이 들고 효과가 없었다. 더 효율적이고 영리한 방법이 필요했다. 밤낮으로 고민하고 방법을 찾던 중, '문장 1패턴으로 10문장 만들기'를 개발했다. 즉, 한 문장을 외우면 거기서 끝나는 것이 아니라, 그 문장의 패턴을 10개로 변형하여 한 번에 외우는 암기법이다.

이 암기법은 미드를 보던 중 떠올랐다. 'If I were in your shoes, I would've done the same(내가 네 입장이라도 똑같이 할 거야).'라는 대사를 보고, '내가 네 입장이라면 다르게 행동할 거야.'라고도 바꿀 수 있지 않을까 하고 생각했던 것이다. 그래서 'If I were in your shoes, I would've done differently.'로 바꾸어 함께 외웠다. 그렇게 하나씩 문장을 늘려보며 하나를 배워도 10가지로 늘리는 응용력과 확장력이 필요하다는 것을 깨달았다.

나는 수업 시간에 회화와 문법에 어려움을 겪는 학생들에게 10문장 암기법을 적용해보았다. 학생들과 미드에 나오는 문장들을 서로 주고받으며 다른 단어와 상황을 집어넣어 1패턴당 10문장으로 변형했다. 문법이 어려운 문장은 그 규칙을 이해시킨 뒤 또 다른 10문장으로 확장하고 적용시켰다.

처음에 학생들은 내 수업을 듣고 많이 당황했다. 무조건 암기하는 공부법에만 익숙해져 있었기 때문에 스스로 문장을 만드는 창의적 활동 자체가 어려웠던 것이다. 그렇지만 곧 10문장 암기법이 단순 암기보다 훨씬 더 편하고 효과적이라는 사실을 깨닫게 되었다. 문장 패턴을 스스로 변형하는 과정을 통해 단순히 암기하는 지식이 아니라 '사용하는 지식'으로 바뀌었기 때문이다. 학생들은 1가지 패턴을 10가지 문장으로 바꾸어 말하게 되면서 이해 속도도 빨라졌고 자신이 아는 것과 모르는 것을 정확하게 알게 되었다.

물론 문장을 확장시키다보면 단어만 바꿔서 문장이 조금 어색해지거나, 비문이 되는 경우도 발생한다. 하지만 여기서 중요한 것은 가장 정확한 문장을 만드는 것이 아니라 '응용과 확장을 통해 조금 더 능동적으로 영어로 사고'할 수 있게 되고, '내가 단순히 외우고 이해한 문장을 실제 회화와 작문에 써먹을 수 있게 된다는 점'이다.

아래는 '하나를 알려주면 열을 안다.'의 영어 표현이다. 다음 문장을 10가지 문장으로 변형시킬 수 있다.

> This child is so smart that he understands way beyond what you teach him.
> 이 아이는 무척 똑똑해서 하나를 알려주면 열을 안다.

1. My brother is so bright that he understands way beyond me.

   내 동생은 똑똑해서 나보다 잘 이해한다.

2. My girlfriend is so pretty that she is popular way beyond what you think.

내 여자 친구는 너무 예뻐서 네가 생각하는 것 이상으로 유명하다.

3. She was crying so hard that it's noisy way beyond the TV.

그녀는 너무 심하게 울어서 TV보다 시끄러운 소리를 내고 있었다.

4. I'm so poor that I can't spend money way beyond 10,000 won at once.

나는 너무 가난해서 한 번에 만 원 이상 쓸 수 없다

5. Usain Bolt was so fast that he is way beyond the rest of players.

우사인 볼트는 너무 빨라서 나머지 선수들보다 훨씬 앞선다.

6. My friend is so wise that he studies way beyond what I imagine.

내 친구는 너무 지혜로워서 내가 상상하는 것보다 더 많이 공부한다.

7. The jewel is so valuable that everyone's eager to get it way beyond what you think.

이 보석은 가치 있어서 네가 생각하는 것보다 모든 사람들이 갖고 싶어 한다.

8. English is so easy that you can learn way beyond what you study.

영어는 너무 쉬워서 네가 공부하는 것 이상으로 배울 수 있다.

9. My family is so peaceful that we feel happy way beyond other families.

내 가족은 평화로워서 다른 가족들보다 행복하다.

10. The test was so hard that I was in trouble way beyond what I expect.

그 시험은 너무 어려워서 내가 예상했던 것보다 훨씬 더 힘들었다.


이런 방식으로 한 문장을 다른 문장 10개로 변형시키는 연습을 해야 한다. 하루에 문장 10개, 패턴 10개의 변형을 주면 문장은 100개가 되고 열흘이면 문장은 1000개가 된다. 단어 2000개와 문장 1000개면 영어로 기초적인 회화가 가능한 수준이다. 문장 10개라는 계단을 한 걸음, 한 걸음 올라가보자. 멀고 높게만 보였던 정상이 어느덧 눈앞에 다가와 있을 것이다.

# 10·10·10 플래너

대표 문장 : _____

| | 패턴 변형하기 | 공부 시간 | 반복 횟수 |
|---|---|---|---|
| 1 | | | |
| 2 | | | |
| 3 | | | |
| 4 | | | |
| 5 | | | |
| 6 | | | |
| 7 | | | |
| 8 | | | |
| 9 | | | |
| 10 | | | |

• 오늘 부족했던 점 :

# 힙합에서 건진 10문장

이 세상에 열정 없이 이루어진
위대한 것은 없다.
- 게오르크 빌헬름

## 랩으로 영어 공부하기

나는 14살에 처음으로 꿈이 생겼다. 어느 날 텔레비전에서 지누션이라는 가수가 나와 레게 머리에 큰 힙합 바지를 입고 바닥을 쓸며 "A-Yo"를 외치는 모습을 보았다. 태어나서 처음 듣고 본 음악과 패션에 충격을 받았다. 어린 내 눈에는 너무나 멋져 보였고 저렇게 되고 싶다는 꿈을 꾸기 시작했다.

다음 날부터 엄마를 졸라 힙합 바지와 무릎까지 오는 노란색 티셔츠를 사 입었다. 그렇게 어린 소년은 힙합과 사랑에 빠졌고 랩

퍼라는 꿈을 가지게 되었다. 지누션 테이프를 늘어져라 듣고 CB Mass, 드렁큰 타이거까지 국내 힙합 음악을 달달 외울 정도로 들었다. 국내의 웬만한 힙합 노래를 다 섭렵했을 무렵 노란 머리의 백인 랩퍼가 등장했다는 소식을 들었다. 에미넴이라는 이름의 그는 두 번째 앨범을 이천만 장이나 판매하며 미국은 물론 전 세계적으로 유명해졌고 자연스럽게 그의 음악을 듣게 됐다. 그러나 문제는 죄다 영어라 무슨 소리인지 알아들을 수가 없다는 것이었다. 가사 내용이 궁금해 무작정 CD를 사고 가사를 공부했다. 학교 교과서에 나오는 영어와는 완전히 달랐다. 그때 나는 힙합아티스트가 되기 위해서는 영어를 잘해야겠다고 생각했고 힘든 형편에도 철없이 부모님을 졸라 캐나다행 비행기에 올랐다.

출국 전날 나는 강남역 타워레코드에서 스눕독의 〈도기스타일 Doggystyle〉이라는 앨범을 구입했다. 비행기에서 그 음악을 들으며 가사를 보았고 한국어 가사와 영어를 오가며 랩을 무작정 따라 했다. 그때 들은 랩과 가사는 지금까지 학교에서 배웠던 영어와는 달랐다. 제 3세계 언어 같은 느낌이랄까, 흑인들이 쓰는 힙합 영어는 원래 다른 건가 싶었다.

보통 '나는 돈이 없다.'를 영어로 하면 'I don't have any money.'이지만 랩에서는 'I ain't got no money.'라고 말했다. 'ain't가 뭐지? 부정어 같은데 no가 또 들어가다니 돈이 없지 않다는 이중부정어인가?'라는 생각이 들면서 혼돈의 카오스로 빠져들었다.

한글과 영어를 반복해서 가사를 보다 보니 어느 정도 익숙해졌고 그동안 교과서에서 배웠던 영어는 잊기로 했다. 실제로 내 억양이나 쓰는 단어 때문에 부족한 청취력과 회화에도 불구하고 흑인 친구들은 친근감을 느꼈고 그 친구들과 빨리 친해질 수 있었다.

음악을 싫어하는 사람은 아직 본 적이 없다. 그렇기에 자신이 좋아하는 장르의 팝송 가사를 읽어보고 해석하며 따라 해보는 것만큼 좋은 공부는 없다. 특히 영어 공부는 책상에 앉아서 펜을 들고 책과 씨름하는 것이 전부가 아니라 음악, 영화 등 엔터테인먼트를 통해 즐기면서 하면 좋다. 흥미를 잃지 않고 지속적이고 빠르게 영어 실력을 향상시킬 수 있는 좋은 방법이다.

# 랩 문장 10개만 외우기

1. 음악을 반복해서 들으며 멜로디와 리듬에 익숙해진다.
2. 한글로 문장 10개씩 해석해본다.
3. 영어로 10번 따라서 말해본다.
4. 한글을 보고 영어로 10번 바꿔본다.

Picture me inside the misery of poverty

가난의 불행 속에 살아가는 나를 떠올려봐

No man alive has ever witnessed struggles I survived

살아 있는 그 누구도 나 같은 삶을 본 적은 없을 걸

Prayin hard for better days, promise to hold on

더 나은 날을 위해 기도하고, 참아낸다고 약속하고

Me and my dawgs ain't have a choice but to roll on

나와 내 친구들은 앞으로 나갈 수밖에 없었어

We found a family spot to kick it

그러다가 들어갈 자리를 찾았어

Where we can drink liquor and no one bickers over trick shit

술을 마실 수 있고, 그 누구도 시비를 걸지 않는 곳

A spot where we can smoke in peace, and even though we G's

평화롭게 담배를 필 수 있는 곳, 우리가 갱스터이긴 해도

We still visualize places, that we can roll in peace

언제나 아무 일 없이 살아갈 수 있는 곳을 바라고 있어

And in my mind's eye I see this place, the players go in fast

내 마음의 눈에서 난 그곳을 볼 수 있어, 모두들 달려가지

I got a spot for us all, so we can ball, at thug's mansion

우리 모두를 위한 공간이 내겐 있어, 갱스터 맨션에서

– 2pac 〈Thugz Mansion〉

# 10·10·10 법칙으로 미드 보기

우리에게 꿈을 좇는 용기가 있다면
모든 꿈은 실현된다
- 월트 디즈니

## 우선 내가 흥미를 느끼는 드라마를 찾자

나는 수업 중 학생들에게 영어 실력을 향상시킬 수 있는 가장 좋은 방법으로 미국 드라마와 영화 감상을 꼽는다. 영화나 드라마는 우리의 일상과 삶의 모습을 그려낸다. 그 안의 인물들이 나누는 대화에는 희로애락이 담겨 있고 그 시대의 사람들이 사용하는 자연스러운 일상의 언어가 담겨 있다.

우리가 우리나라 영화를 볼 때 실감 난다고 느끼는 이유 역시 일상생활에서 우리가 자주 사용하는 단어를 사용하기 때문이다.

최근 한류가 세계적으로 유행하면서 아시아인들을 비롯해 중남미, 유럽인들까지 한국 드라마를 통해 한국어를 배우고 있다. 처음에는 한국 드라마가 재미있어서 그 후에는 그 드라마를 더 잘 이해하고 나아가 한국 자체에 관심이 생겨 한국어를 배운다. 누가 시켜서 한 것도 아니고 스스로 흥미를 느끼고 자발적으로 한 선택이다.

여기서 중요한 것은 영어 공부를 위한 수단으로 미국 드라마를 선택하기 전에 내가 좋아하는 드라마를 봐야 한다는 것이다. 대부분의 사람들이 영어 공부에 좋은 드라마를 추천해달라고 하면 〈프렌즈〉나 〈섹스 앤 더 시티〉를 말한다. 하지만 나는 그 드라마에 흥미가 없었다. 오히려 〈프리즌 브레이크〉란 드라마를 접하고 내용이 너무 재미있어서 반복해서 보았다.

영어 공부를 위해 정해진 드라마는 없다. 어떤 종류의 드라마든 영화든 좋은 교재가 될 수 있다. 우선 주변 친구들, 인터넷 검색 등을 통해 영미권 드라마, 영화에 대한 정보를 찾아보자. 소재, 스토리, 주연 배우 등을 살펴보며 '나에게 확 끌리는' 콘텐츠를 고르는 즐거움이 기대 이상일 것이다. 무엇이든 내가 좋아하고 흥미를 느끼는 드라마, 영화면 된다. 그럼 영어 공부에 대한 지속적인 동기부여가 될 것이다.

## 자막, 어떻게 활용해야 할까?

"미드로 영어 공부할 때 자막은 어떻게 하죠?" 수업 중 학생들이 나에게 자막 활용법에 대해 자주 묻는다. 나는 그들에게 영어 공부를 하려면 자막에 의지하면 안 된다고 강조한다. 내용이 익숙해졌으면 말하는 사람의 입 모양과 표정을 보고 소리를 인식하고 이해해야 한다. 자막을 보면 글을 보고 소리를 따라 해 정확한 발음을 하기 어렵다. 자막은 우리가 어릴 적 자전거를 배울 때 자전거에 달았던 보조바퀴와 같다. 어릴 때 두발자전거를 바로 탈 수 없어 보조바퀴를 달고 아버지가 뒤에서 잡아주었다. 그렇게 일주일을 타고 보조바퀴를 떼버리고 아버지가 뒤에서 잡아주었다. 그렇게 또 일주일을 타던 어느 날 아버지가 뒤에 잡고 있던 손을 놓아버렸다. 하지만 나는 그 사실을 까맣게 모르고 혼자 달리고 있었다. 이미 두발자전거 타는 법을 나도 모르게 익힌 것이다.

보조바퀴가 있으면 균형 잡기가 훨씬 수월하지만 두발자전거를 타기 위해서는 과감하게 떼어내고 비틀거리며 넘어지며 타는 법을 익혀야 한다. 쉽게 익히는 것보다 고통스럽게 익히는 것이 오래간다는 말이 있다. 즐거움과 재미를 잃지 않는 건 중요하지만 쉬운 배움은 지양해야 한다. 쉽고 편해졌다면 이제 다음 단계를 통해 어렵고 불편해져야 할 때가 온 것이다.

## 1. 먼저 한글로 내용을 이해한다.

많은 영어 강사들이나 책에서는 처음부터 자막 없이 영화나 드라마를 보라고 이야기한다. 이는 어느 정도 내용에 익숙해진 이후의 이야기다. 최종 목표는 자막 없이 보는 것이지만 처음에는 내용을 이해하기 위해 자막이 필요하다. 자막을 보면 큰일이 나는 것처럼 이야기하는 것은 잘못됐다. 그 누구도 두발자전거를 처음부터 타는 사람은 없다. 보조바퀴를 달다가 익숙해지면 보조바퀴를 떼고 두발자전거를 타는 것이다. 처음에는 한글 자막으로 내용을 충분히 이해해야 한다. 예를 들어 토끼와 거북이 이야기는 누구나 알고 있다. 그 내용을 영어로 봤을 때 우리는 내용을 이미 알고 있기 때문에 저 상황에서 영어로 저렇게 말하는구나 하고 이해할 수 있게 된다.

## 2. 영어 자막으로 반복해서 본다.

내용을 파악한 후에는 영어 자막을 본다. 모르는 단어나 이해되지 않는 문장은 여러 번 반복해서 돌려보고 입으로 따라 한다.

## 3. 한영 통합 자막으로 본다.

영어와 한글을 동시에 보면서 이해되지 않았던 표현을 바로 한글로 이해할 수 있다. 점점 속도가 붙고 모르는 문장도 줄어든다.

### 4. 자막 없이 10번을 본다.

이제 보조바퀴를 떼어낼 차례다. 모든 소리가 귀에 들리고 모르는 문장이나 단어도 없으니 자막은 더 이상 필요 없다. 완전히 이해됐다고 생각될 때까지 10번을 감상한다.

### 5. 문장 10개를 따라 말하며 외운다.

자막 없이 10번을 봤다면 내용과 표현은 모두 알고 있는 상태다. 지금부터는 이해하고 있는 문장을 내가 사용할 수 있는 문장으로 전환시켜야 한다. 마음에 드는 명대사나 쓰고 싶은 대사부터 하루에 문장 10개를 반복해서 외워보자.

내용을 100% 이해하지 않아도 되고 그럴 필요도 없다. 공부해야 한다는 압박감이 오히려 영어를 멀어지게 만든다. 처음에는 50%, 다음에는 70~80%가 이해되면 잘하고 있는 것이니 걱정하지 않아도 된다. 자막 없이 10번이면 충분하다. 이 세상에는 보고 싶은 것도 많고 보아야 할 것도 많다. 하나를 완벽하게 마스터하려고 집착한 나머지 영어에 압박감과 스트레스를 느끼며 포기해서는 안 된다. 드라마와 영화는 재미있기 때문에 보는 것이다. 절대로 흥미를 잃어선 안 된다.

# 영어 공부에 도움이 되는 미드 BEST 5

## 1. <Prison Break(프리즌 브레이크)>

건축가 마이크 스코필드의 형 링컨이 살인 누명을 쓰고 악명 높은 감옥에 들어가면서 이야기가 시작된다. 동생인 스코필드가 형 링컨을 구하기 위해 치밀한 탈옥 계획을 세우고, 감옥의 도면을 온몸에 문신으로 새긴 채 자진해서 감옥에 들어가며 겪게 되는 스펙터클한 내용이다.

이야기의 전개가 빠르고 몰입력이 좋아서 지루하지 않고 재미있게 볼 수 있다. 실제 우리에게는 생소한 감옥 안에서 벌어지는 범죄와 생존에 관한 이야기다. 그런 거친 환경 속에서 살아가는 남자들의 향이 짙게 밴 영어를 체험할 수 있는 장점이 있다.

## 2. <Breaking Bad(브레이킹 배드)>

평범한 고등학교 화학 선생님인 월터는 시한부 암 선고를 받고 딜레마에 빠진다. 뇌성마비인 아들과 임신한 아내를 부양해야 하는 가장이기 때문이다. 힘겹게 살아갈 가족을 생각하며 하루하루를 보내던 중 자신의 화학 지식을 이용해 자신이 가르치던 제자와 함께 마약 제조에 뛰어든다.

<브레이킹 배드>는 미드 순위 상위권에 오랜 시간 올라 있었던 인

기 드라마로, 지금도 많은 마니아들을 거느리고 있다. 무겁고 진지한 분위기이지만, 탄탄한 스토리와 배우들의 훌륭한 연기력 덕분에 즐겁게 영어 공부를 할 수 있다. 또한 〈프리즌 브레이크〉와 마찬가지로 다양한 범죄 용어들을 알 수 있다는 점이 매력적이다.

### 3. 〈Everybody Hates Chris(에브리바디 헤이츠 크리스)〉

미국 유명 코미디언 크리스 락의 어린 시절을 다룬 드라마다. 두 가지 일을 하는 짠돌이 아빠, 아이 셋을 키우는 생활력 강한 엄마, 잘생기고 인기 많은 남동생, 귀여운 철부지 여동생과 잘난 것 하나 없어서 항상 이리 치이고 저리 치이는 주인공 크리스의 이야기다.

1970년대 브루클린을 배경으로 인종차별이 극심했던 당시 미국 사회의 모습을 볼 수 있다. 엄마의 성화에 못 이겨 억지로 백인 학교에 들어간 크리스가 겪는 차별을 무겁지 않게 유머와 함께 담아냈다. 유머러스하고 가족적인 분위기의 1970년대 평범한 흑인 가정의 모습을 보고 싶다면 강력 추천한다.

### 4. 〈Sherlock(셜록)〉

영국 런던을 배경으로 천재적인 능력을 가진 괴짜 탐정 셜록 홈즈가 그의 유일한 친구 존 왓슨과 함께 사건을 풀면서 생기는 21세기 현대판 셜록 홈즈 이야기다.

현대의 런던이 배경이기 때문에 간접적으로 런던의 풍경을 체험할 수 있다. 특히 주인공 셜록 역의 베네딕트 컴버배치는 랩퍼 못지않은 빠른 속도로 대사를 친다. 그래서 영국식 영어에 익숙하지 않은 사람들이 영국 영어를 익히는 데 많은 도움이 된다.

## 5. <The Big Bang Theory(빅뱅이론)>

천재과학자 셸든과 그의 룸메이트 레너드가 함께 살며 벌어지는 이야기다. 페니가 레너드와 사귀기까지의 과정과 그 과정에서 친구들의 지질한 모습이 유머러스하고 위트 있게 그려진다.

주인공들이 과학자여서 과학 용어가 많이 나온다. 일상생활에서 일어나는 일에 시도 때도 없이 과학을 대입하고 인용해 문제를 해결하려는 주인공들의 대화에서 과학 용어를 배울 수 있다. 일상의 일을 어떻게 과학에 비유하는지 배울 수 있는 좋은 드라마이기 때문에, 과학 분야에 관심이 많고 취미가 있는 사람에게 강력 추천한다.

# 영어 소설, 연설문 제대로 읽기

사람은 자신이 읽고 싶은 책을 읽어야 한다.
우리들이 일거리처럼 읽은 책은
대부분 몸에 새겨지지 않기 때문이다.
- 새뮤얼 존슨

## 영어 소설 완독하는 기술

"윙가르디움 레비오우사!"

소설『해리 포터』시리즈에 나오는 마법 주문이다. 나는 학창 시절 해리 포터와 함께 성장했다고 해도 과언이 아니다. 소설로 시작해 영화까지 성공을 거둔 이 시리즈는 나의 동경의 대상이었다. 내가 다니는 현실의 학교와는 다른, 멋진 학교에서 빗자루를 타고 순간 이동을 하며 투명 망토를 입고 마법을 배운다.

당시『해리 포터』시리즈는 엄청난 인기였고 나도 호기심에 펼

쳐본 책에 시간 가는 줄 모르고 빠져들었다. 그렇게 4권까지 보고 내용을 외울 정도가 되었을 때 영어 공부를 함께 해보고자 영어 원서를 읽기 시작했다.

국내에서 나온 『해리 포터』는 한 시리즈가 두 권으로 나눠져 있고 종이도 두껍고 빳빳했지만, 영어 원서는 한 권이고 무척 두꺼웠다. 종이는 고고학 책을 펼친 듯 질감이 매우 거칠었다. 하지만 책장을 넘길 때마다 왠지 마법책을 읽는 느낌을 주었다. 그것 때문에 영어 원서에 더 빠져들었는지도 모른다.

처음에는 호기심에, 다음에는 영어 실력을 키우기 위해 시작한 원서 읽기는 처음에는 힘들었다. 책을 펴고 글을 읽다가 모르는 단어가 있으면 그때그때 사전을 찾았다. 한 페이지 읽는 데만 30분이 걸렸고 결국 두 페이지 만에 책장을 덮고 말았다. 그렇게 먼지만 가득 쌓인 책을 다시 펼친 건 캐나다에서였다. 어떻게든 영어를 잘하고 싶어 케케묵은 책에 먼지를 털어내고 다시 책장을 펼쳤다. 이번에는 무작정 읽지 않고 한글판 챕터를 하나 읽고 뒤이어 영어 원서를 읽었다. 여전히 모르는 단어와 문장은 있었지만 내용을 알고 있으니 앞뒤 문맥으로 의미를 이해할 수 있었다. 그렇게 처음으로 원서를 완주했다. 재미를 붙이니 속도가 났고 2권, 3권, 4권까지 모두 완독했다.

1. 『해리 포터』 한글판을 먼저 완독한다.

한글로 내용과 세세한 줄거리를 완전히 이해하고 인물의 캐릭터를 인지하고 있어야 한다.


2. 한글판 챕터 하나를 먼저 읽고 영문판 챕터 하나를 뒤이어 읽는다.

이미 한 번 완독했기 때문에 익숙한 내용이다. 두 번째는 한글로 보면서 내용을 다지고 뒤이어 바로 영문판을 읽는다. 내용을 알고 있기 때문에 몰랐던 영어 단어와 문장도 내가 알고 있는 내용으로 해석이 된다. 읽으면서 해석이 안 되는 단어와 문장은 밑줄을 치며 읽는다.


3. 영문판을 읽으며 해석이 안 되는 단어와 문장은 한글판에서 찾아 이해한다.

처음부터 굳이 사전을 찾아가며 힘들게 원서를 읽을 필요가 없다. 모르는 단어와 문장은 한글판을 통해 해석하자. 우리말로는 '걷다'라는 표현도 책에서는 다양하게 나온다. 앞뒤 문맥을 통해 그 단어가 적절하게 사용되는 쓰임새를 알 수 있다.

| 걷다 | 뒤뚱뒤뚱 걷다(waddle) | 어슬렁어슬렁 걷다(stroll) | 총총거리며 걷다(trot) |
|---|---|---|---|
| | 성큼성큼 걷다(stride) | 비틀비틀 걷다(stumble) | |

모두 사용할 수 있는 단어지만 앞뒤 상황에 따라 기쁨에 겨워 걷는 총총걸음인지, 몰래 어딘가를 향하는 조심스러운 발걸음인 지 구분해서 사용할 수가 있다. 더불어 어휘력도 늘어나 상황에 맞는 다양한 표현을 구사할 수 있게 된다.

### 4. 완독 후 영문판을 10번 읽는다.

이전보다 모르는 단어와 문장이 줄어들고 훨씬 술술 읽힐 것이 다. 반복해서 읽을수록 영어가 한글로 해석되는 과정을 거치지 않 고 영어 그 자체로 이해되기 시작한다. 이때 소리 내어 읽고 반복 하면 문장을 통째로 외우기가 훨씬 수월하다.

### 5. 10문장으로 감상을 적는다.

독후감이라면 치를 떠는 사람이 많다. 나 역시 그랬다. 어릴 때 가장 많이 했던 숙제 중 하나가 일기와 독후감이었으니. 숙제라 생각하지 말고 읽었던 내용을 요약해서 정리해본다고 생각하자. 길게 쓸 필요도 없고 문장 10개(줄거리 5문장 + 내 느낌과 생각 5문장) 면 충분하다. 익숙해지면 점점 더 길게 쓸 수 있는 문장력이 생긴 다. 잘 써야겠다는 생각을 버리고 쓴다는 것 자체에 의미를 두고 써보자.

## 연설문 통째로 외우기

애플의 창업자 스티브 잡스는 많은 사람들이 존경하는 인물이다. 자신이 만든 회사에서 쫓겨났다가 불굴의 의지로 다시 돌아와 애플을 일으킨 세기의 위인이다. 스티브 잡스가 없었다면 지금의 애플도, 아이폰도 없었을 것이다. 그런 그의 인생사와 사명이 담긴 명연설문이 있다. 바로 스탠포드대학교 졸업식에서 했던 연설이다.

사실 난 이 연설문을 강제로 외웠다. 이 연설문을 외우는 것이 학교 교양 영어 과목의 대체 시험이었기 때문이다. 시험이 연설문 외우기라니 당시에는 이해할 수가 없었다. 이걸 왜 외워야 할까? 한글도 외우기 어려운데 세 페이지나 되는 영어를 외우려고 하니 머리에 쥐가 나는 기분이었다.

하지만 지금은 그 교수님께 감사드린다. 이 훌륭한 연설문을 외운 덕분에 영어는 물론 삶을 살아가는 데도 큰 도움이 되었기 때문이다. 스티브 잡스의 스탠포드 연설문은 크게 세 가지 주제로 나뉘어져 있다.

### 1. 가슴을 따르라, 자신의 인생을 살아라

"Follow your heart, live your own life."

지금은 미래를 알 수 없지만 과거와 현재, 현재와 미래는 항상 이어져 있다. 지금 하는 일이 미래로 이어질 것이라는 믿음은 가슴을 따라 살 수 있는 자신감을 준다.

### 2. 자신이 사랑하는 일을 찾아라. 현실에 안주하지 마라.

"Keep looking (what you love), don't settle."

위대한 일을 할 수 있는 유일한 길은 당신의 일을 사랑하는 것뿐이다.

### 3. 계속 갈망하고, 계속 전진하라.

"Stay Hungry, stay Foolish."

죽음 앞에서는 우리가 두려워하는 모든 것들이 무의미해진다. 정말로 중요한 것은 자신의 가슴을 따라 사는 것이다. 타인의 생각과 견해에 자신의 내면을 빼앗기지 말라. 자신의 가슴과 영감에 따르는 용기를 내는 것이 중요하다.

연설문에는 힘이 있다. 연설하는 사람이 살아가면서 겪었던 어려움과 그것을 극복한 일화, 자신의 삶의 가치와 소명 등의 콘텐츠와 스토리가 담겨 있기 때문이다. 연설문을 외우면 그런 양질의 내용과 배경 지식을 동시에 얻을 수 있다.

또한 연설문을 외우면 발음과 억양, 강세가 좋아진다. 나는 스티브 잡스와 오바마, 힐러리 클린턴의 연설문을 좋아한다. 그들은 발성과 발음이 정확하고 전달력이 뛰어나기 때문이다. 또한 이들은 대중 앞에서 자주 연설을 하기 때문에 연설이 무척 훌륭하다.

스티브 잡스는 애플의 신제품이 나올 때마다 사람들 앞에서 제품을 소개하고 키노트 연설을 했다. 그 유명한 검정색 폴라 티에 청바지를 입고 말이다. 많은 사람들이 프레젠테이션 잘하는 사람을 뽑으라면 스티브 잡스를 말한다. 그는 오랫동안 공들여 연구한 신제품을 소비자들에게 어필해야 했고 말로 그들의 마음을 움직여야 했다.

오바마와 힐러리는 대통령과 정치인이다. 정치인이 가장 자주 하는 일은 기자의 질문에 대답하고 국민들을 향해 연설하는 일이다. 말로 국민을 이해시키고 통합하고 설득시켜야 한다. 그들의 훌륭한 연설을 성대모사하듯 발음과 억양, 강세를 따라 하면 정확한 발음과 뚜렷한 전달력을 배울 수 있어 말하기 훈련에 도움이 된다.

마음에 드는 연설문을 찾아 문장 10개를 따라 하고 외워보자. 자신도 모르게 스티브 잡스, 오바마, 힐러리처럼 훌륭한 영어를 구사하게 될 것이다.

# 스티브 잡스의 스탠포드 대학교 졸업식 연설문

스티브 잡스가 2005년 스탠포드대학교 졸업식에서 선보인 연설의 일부분이다.
영상과 대본을 함께 보며 각 문장을 소리내어 외워보자.

My third story is about death.

나의 세 번째 이야기는 죽음에 대한 이야기입니다.

When I was 17, I read a quote that went something like.

제가 17살 때, 어떤 구절을 읽은 적이 있습니다.

"If you live each day as if it was your last?

"하루를 살아도 마지막인 듯 살아라.

someday you'll most certainly be right."

언젠가는 그 길이 옳았음이 드러날 것이다."

For the past 33 years, I have looked in the mirror every morning and asked myself.

그 후로 33년 동안, 아침마다 거울을 들여다보며 스스로에게 묻습니다.

"If today were the last day of my life, would I want to do what I am about to do today?"
"오늘이 내 인생의 마지막 날이라면, 오늘 하려던 일을 할 것인가?'

Your time is limited, so don't waste it living someone else's life.
여러분의 시간은 한정돼 있습니다. 다른 사람의 인생을 살면서 시간을 낭비하지 마세요.

Don't be trapped by dogma - which is living with the results of other people's thinking.
타인의 철학으로 인생을 사는 교조주의에 빠지지 마세요.

Don't let the noise of other's opinions drowned out your own inner voice.
여러분 내면의 목소리가 시끌벅적한 타인의 의견으로 덮이지 않도록 하세요.

And most important, have the courage to follow your heart and intuition.
그리고 무엇보다 중요한 것은, 용기를 내서 여러분의 마음과 직관을 따르는 일입니다.

They somehow already know what you truly want to become.

어쨌든 이미 우리 마음은 여러분이 진심으로 되고 싶어 하는 것을 알고 있습니다.

Everything else is secondary.

그밖에 다른 것은 부차적입니다.

Stay Hungry. Stay Foolish.

계속 갈망하세요. 계속 전진하세요.

# 영어 말문이 터지는 연설문 BEST 5

**1. 스티브잡스 스탠포드대학교 연설문**
https://youtu.be/7aA17H-3Vig

**2. 오프라 윈프리 하버드대학교 졸업 축사(2013년)**
https://youtu.be/g0blxMzuflE

**3. 미셸 오바마 뉴욕대학교 졸업 축사(2016년)**
https://youtu.be/GC693RTOhLE

**4. 버락 오바마 대통령 고별 연설(2017년)**
https://youtu.be/ZZFB3QicpXc

**5. 힐러리 클린턴 후보의 패배 연설(2017년)**
https://youtu.be/pppReP7oB7o

## 연설문 내 것으로 만드는 방법

1. 연설문 스크립트 내용을 해석해본다
2. 연설문을 10문장씩 소리 내어 따라해본다
3. 모르는 단어와 표현을 단어장에 적는다
4. 한글을 영어로 바꾸어 말해본다
5. 10번 반복을 통해 문장을 내 것으로 만든다

# TED, CNN, YOUTUBE로 고급 영어 배우자

탐험하라. 꿈꾸라. 발견하라.
– 마크트웨인

## 수준 높은 영어를 구사하고 싶다면?

어릴 적에 우리 가족은 안산의 조그만 빌라에서 살았다. 요즘은 옆집에 누가 사는지도 모르지만 그때는 달랐다. 옆집, 앞집, 뒷집 할 것 없이 모두 가족 같았고 남의 집도 내 집처럼 드나들었다. 해가 뜨면 내 또래의 아이들은 모두 밖으로 나와 해 질 녘까지 함께 뛰어 놀았다. 집 밖에는 넓은 골목길이 있어 구슬치기부터 딱지치기, 공놀이, 땅따먹기까지 무엇이든 할 수 있는 우리만의 놀이터가 되었다. 그 당시에는 광활한 대지처럼 보였던 그 골목길은 어른이 된 지금 생각하면 차 한 대 겨우 지나다닐 수 있는 좁은 골목길이었다. 어렸던 나에게는 굉장히 넓고 크고 자유로운 놀이터였다.

> 어릴 적 넓게만 보이던 좁은 골목길에
> 다정한 옛 친구 나를 반겨 달려오는데
> 어릴 적 함께 꿈꾸던 부푼 세상을 만나자 하네
> 내일이면 멀리 떠나간다고

드라마 〈응답하라 1988〉에 나왔던 노래 〈혜화동〉 가사 중 일부다. 처음에 영어를 시작하면 영어의 세계는 우리가 어릴 적 뛰어놀던 좁은 골목길과 같다. 이곳이 세상의 전부인 것 같고 보고 배울 것도 너무 많다. 하지만 나이가 들고 자라면서 시내로 또는 해외로 나가 새로운 경험을 하듯 영어도 성장하려면 지금의 우물보다 더 큰 강과 바다로 나아가야 한다. 좀 더 수준 높은 어휘와 문장을 구사하고 싶다면 일상회화를 넘어서 각 분야의 전문가와 지식인의 이야기를 들어야 한다.

벤치프레스 100kg을 들고자 한다면 점점 무게를 올려 100kg이 살짝 넘는 120kg까지 들 수 있어야 100kg을 수월하게 들 수 있다. 계속 영어의 무게를 올려 시험장에서 가볍게 들 수 있는 근육을 키워야 한다.

## 영어와 교양을 동시에 잡아라

나에게는 120kg의 벤치프레스가 CNN과 TED였다. CNN은 미국의 대표 뉴스채널로 다양한 주제의 전문적인 내용이 정확한 문장과 단어를 사용한 기사로 올라온다. 처음에는 읽는 속도나 이해력이 떨어져서 내가 관심 있는 분야부터 보기 시작했다. 할리우드 배우와 엔터테인먼트 채널에서 내가 익히 알고 있는 내용을 영어로 보니 이해가 쉬웠고 처음 보는 단어와 문장구조도 문맥을 통해 익힐 수 있었다. 어느 날은 정치 카테고리에 한국과의 외교 관계와 북한의 핵개발 기사가 메인에 떴다. 궁금해서 클릭했고 내가 관심 있는 우리나라의 이야기이다 보니 생각보다 쉽게 이해할 수 있었다. 점점 영어로 된 정치와 국제 정세 기사도 읽을 수 있었고 그 내용을 영어로 이해하는 것도 점차 쉬워졌다.

TED는 인문학, 경제학, 과학 등 각 분야의 전문가들이 나와서 자신들이 연구한 결과나 새롭게 발견한 지식을 전달한다. TED를 들으면서 영어는 물론 상식까지 많이 늘었다. 또한 TED의 연설자들은 국적이 다양해서 다양한 나라의 억양과 발음의 영어를 접할 수 있다.

성장을 위해서는 한계를 뛰어넘는 고통과 인내가 필요하다. 인간은 '컴포트 존comfort zone'이라 불리는 현재에 머물 때 편안함을 느낀다. 힘들지 않고 노력하지 않아도 되기 때문이다. 하지만 발전하고 성장하려면 컴포트 존에서 벗어나 조금 더 어렵고 힘든 다음 레벨에 도전해야 한다. 처음에는 무엇이든 어렵고 생소하다. 하지만 한 번, 두 번 반복해서 익숙해지면 어느새 전보다 더 무거운 벤치프레스를 가볍게 들게 된다. 처음에는 영어 동화책으로 시작했지만 내용이 너무 쉬워져 조금 더 어렵고 재미있는 것을 찾아 소설 『해리 포터』를 읽게 되고 CNN에서 경제 부분을 읽고 있는 자신을 발견할 수 있게 된다.

지금보다 더 높은 토익 성적과 영어 실력을 원한다면 지금의 편안한 우물에서 나와 더 넓고 큰 바닷속으로 과감히 뛰어들자. 이 세상의 가치 있는 것은 생각보다 쉽고 빨리 배울 수 없다.

# 유튜브 영상 통째로 외우기

일본의 아베 총리가 하버드대학교에서 강연을 할 때 한국계 하버드생 조셉 최 학생이 '돌직구 질문'을 던지는 장면이다. 영상과 대본을 함께 보며 각 문장을 소리내어 외워보자.

**Hello Prime Minister. My name is Joseph Choi and I'm sophomore here at the college.**

안녕하십니까, 총리님. 제 이름은 조셉 최이며 이 학교 2학년 학생입니다.

**I would like to thank you once again for coming to speak to us today.**

오늘 강연해주러 오신 점 다시 한 번 감사드립니다.

**I apologize in advance if my question comes off as provocative.**

도발적인 질문이라면 미리 사과 드립니다.

**But has to do with the topic that weighs heavily on my heart.**

하지만 이 질문은 제 마음을 무겁게 누르는 주제와 관련된 것입니다.

As someone with ties to South Korea,

대한민국에 연이 있는 사람으로서,

I know that the issue of comfort women has been the source of contention between my country and yours.

위안부 문제가 나의 조국과 총리님의 나라 사이에 큰 분쟁의 원천이 되어 왔음을 알고 있습니다.

There are solid proofs showing that the Japanese government and military were directly involved in the comfort women system.

일본 정부와 군이 위안부 시스템과 직접적으로 연관되어 있음을 보여주는 확고한 증거들이 있습니다.

And Japan has even formally apologized for this, 1993 Kono statement.

그리고 일본은 이에 대해 공식적으로 사과까지 했습니다. 1993년 고노 담화를 통해서요.

So, my question is… in the face of all these facts.

그래서 제 질문은… 이러한 모든 사실을 직면해서도.

Do you still deny that Japanese government's explicit

involvement in the subjugation of hundreds of thousands of women in the coerced sexual slavery? Thank you.

총리 님은 당시 일본이 수십 만 명의 여성들을 성노예화한 것에 관여했다는 사실을 여전히 부정하십니까? 감사합니다.

# 10문장만 제대로 외우면 충분하다

만일 내게 나무를 베기 위해 한 시간만 주어진다면,
우선 나는 도끼를 가는데 45분을 쓸 것이다.
– 에이브러햄 링컨

## 10패턴으로 문법을 끝장내자

수업을 해보면 대부분의 사람들이 바로 이 문법이란 녀석 때문에 영어를 포기하고 두려워한다는 사실을 알 수 있다. 우리는 한국어를 배울 때 문법을 따로 공부하지 않았다. 모국어를 배운 사람들은 어려서부터 자연스럽게 많이 듣고 말하며 문장의 구조를 무의식적으로 익혔다. 하지만 외국어를 배우려면 지금까지 사용해온 모국어와 다른 문장의 구조와 순서를 익혀야 한다. 문제는 문법 자체가 목적이 된 교육 현실에 있다. 문장 구조와 순서를 이해하기 위한 문법이 아닌 몇 형식 문장인지 현재완료의 경험 용법인지 완료 용법인지 하는 것들을 구분하기 위한 공부를 했다.

문법은 절대 어렵지 않다. 어렵게 생각하고 어렵게 배웠기 때문에 어렵다고 느끼는 것뿐이다. 문법은 붕어빵의 빵틀과도 같다. 빵틀이 있으면 우리는 그 틀 안에 다양한 재료를 넣어 붕어빵을 만들면 된다. 문법만 배우는 것은 중요한 붕어빵을 만드는데 힘을 쏟지 않고 붕어빵 틀만 주야장천 연구하고 있는 것과 다름없다. 붕어빵 틀은 붕어빵을 만들기 위해 존재한다.

가장 중요한 것은 한국어와 영어의 다른 문장구조 순서를 알아야 한다는 것이다. 우리나라 문장은 '주어+수식어+동사'의 구조인 반면 영어는 '주어+동사+나머지 수식어'의 구조로 반대 구조를 가지고 있다. 이 핵심만 알면 영어 문법의 반은 끝난 것이다. 아래의 영어 문법 10문장으로 이번 기회에 문법을 끝장내보자. 기억하자. 영어는 형식이 아니라 순서가 중요하다.

1. I am a student.
   나는 학생이다.

   나는 + ~이다 + 학생
   주어 + 동사 + 수식어

2. She is happy now.

그녀는 지금 행복하다.

그녀는 + ~이다 + 행복한 + 지금
주어 + 동사 + 수식어

3. He was home last night.

그는 어젯밤에 집에 있었다.

그는 + 있었다 + 집에 + 어젯밤에
주어 + 동사 + 수식어

4. I live in Seoul.

나는 서울에 산다.

나는 + 산다 + ~에 + 서울
주어 + 동사 + 수식어

5. My brother went to college last year.

내 동생은 작년에 대학에 들어갔다.

내 동생은 + 들어갔다 + 대학에 + 작년에
주어 + 동사 + 수식어

6. I majored in English at the college.

나는 대학에서 영어를 전공했다.

주어 + 동사 + 수식어
나는 + 전공했다 + 영어를 + 대학에서

7. I teach them English at the cafe every weekend.

나는 주말마다 카페에서 그들에게 영어를 가르친다.

나는 + 가르칩니다 + 그들에게 + 영어를 + 카페에서 + 주말마다

주어 + 동사 + 수식어

8. She gave me the birthday gift.

그녀는 나에게 생일선물을 주었다.

그녀는 + 주었다 + 나에게 + 생일 선물을

주어 + 동사 + 수식어

9. I want to make my family happy.

나는 나의 가족을 행복하게 해주고 싶다.

나는 + 해주고 싶다 + 나의 가족을 + 행복하게

주어 + 동사 + 수식어

10. I want to make her laugh whenever I meet her.

나는 그녀를 만날 때마다 웃게 해주고 싶다.

나는 + 해주고 싶다 + 그녀를 + 웃게 + 할 때마다 + 내가 + 만나다 + 그녀를

주어 + 동사 + 수식어

## 팝송 10문장 암기하기

내 브라질 친구 알렉스는 포르투갈어, 영어, 이탈리아어, 네덜란드어, 중국어, 한국어, 일본어 등 무려 일곱 개 언어를 한다. 여러 나라에서 거주한 것도 아니고 다국적 부모님을 가진 것도 아니다. 단지 그는 일곱 나라의 여자 친구를 사귀었다. 옆에서 지켜본 결과 연애는 외국어 학습의 최고 비법 중 하나였다.

연애를 할 때 가장 많이 하는 것은 대화다. 실제로 말이 잘 통하는지가 배우자를 선택하는 조건에서 가장 중요하다는 설문 결과도 있다. 우리는 많은 시간을 말을 하는데 시간을 보내기 때문이다. 연애를 하면 대화를 해야 하기 때문에 자연스럽게 외국어 실력이 늘게 된다.

알렉스도 여느 연인들처럼 다투는 일이 종종 있었다. 하지만 사용하는 언어가 달랐기 때문에 자신의 마음을 전달하고 이해시키기에 역부족이었다. 그가 택한 방법은 사전이었다. 그는 여자 친구와 큰소리치며 싸우는 도중에도 손으로 사전을 뒤적거리며 자신의 생각을 담은 단어를 찾아 헤맸다. 본인은 진지했지만 옆에서 지켜보는 사람은 무척 재미있는 모습이었다.

그러다 알렉스는 연인의 마음을 풀어주기 위해서는 다른 방법이 필요하다고 생각했다. 고민 끝에 그는 멋진 팝송 가사들로 그녀에게 마음을 전하기로 결심했다. 그는 로맨틱한 가사 10문장을 뽑아 달달달 외운 다음, 화가 난 연인에게 전했다. 그리고 그 문장들의 패턴을 변형하여 종종 그녀에게 말하거나 편지를 쓰기도 했다. 영어 실력이 느는 것은 물론, 연애에도 큰 도움이 되었다고 한다.

많은 노래의 주된 주제는 사랑이다. 음악은 사랑을 위해 태어났다. 어떻게 보면 남녀가 존재하고 사랑이 있기에 모든 문화가 생긴 것일 수도 있다. 많은 가수나 기타리스트가 이성에게 잘 보이기 위해 음악을 시작했다고 한다. 그만큼 예술은 사랑을 꽃피우고 이야기한다. 내 친구 알렉스도 노래 가사를 이용해 사랑 고백을 했다. 다른 나라의 사람과 연애를 할 때 상대방 나라의 사랑 노래를 외워서 노래하면 실제로 효과가 있다. 잘 외운 팝송 10문장이면, 사랑도 영어도 모두 얻을 수 있다.

1. Corine Bailey Rae, <Just like a star>
Just like a star across my sky, you appeared to my life.

하늘을 가로지르는 별처럼 당신은 내 인생에 나타났어요.

2. John Legend, <Love me now>
I'm gonna love you now, like it's all I have.

당신이 내 전부인 듯이 당신을 사랑하겠어요.

### 3. Adele, <Make You Feel My Love>

I could make you happy, make your dreams come true.

난 당신을 행복하게 만들어 줄 수 있고 당신의 꿈도 이뤄줄 수 있어요.

### 4. Morten Harket, <Can't Take My Eyes Off You>

You're just too good to be true.

당신은 믿을 수 없을 만큼 아름다워요.

### 5. McFly, <All About You>

I would answer all your wishes, if you asked me to.

난 당신이 바라는 것 모두를 들어줄 수 있어요, 당신이 내게 말만 한다면.

### 6. Major, <Why I Love You>

Every moment that you smile chases all of the pain away.

당신이 미소 짓는 매 순간마다 모든 고통을 달아나게 해요.

### 7. Bebe Winans, <Love Thang>

Beauty of love in my life with one look come true.

인생에서 사랑의 아름다움은 첫눈에 이뤄졌죠.

### 8. Alicia Keys, <If I ain't got you>

Everything means nothing if I ain't got you.

당신을 가질 수 없다면 모든 것이 의미가 없어요.

## 9. Frankie J, <More than words>

More than words to show you feel that your love for me is real.

말보다 중요한 건 나에 대한 당신의 사랑이 진심이라는 걸 느끼게 해주는 거예요.

## 10. Joe, <My Love>

Said on my real, I like them lovely ladies like this.

진심으로 말하는데, 난 이렇게 사랑스러운 여자를 좋아해.


# 명언 10문장 변형하기

　배우 박성웅과 방송인 강호동은 무명 시절부터 주머니 속에 메모를 넣고 다니다가 일이 잘 풀리지 않거나 힘든 장벽에 부딪쳤을 때 항상 꺼내보곤 했다고 한다. 그 쪽지는 바로 명언이 적힌 쪽지였다. 가슴을 울리는 말을 메모에 적어 한두 개씩 모아놓고 항상 가지고 다녔다고 한다. 그 쪽지는 그들에게 희망이자 위로였고 꿈이었다.

　나도 대학생 때 감동 받은 명언을 하나둘 모으는 습관이 생겼다. 강연을 듣거나 책을 읽거나 영화를 보다가 가슴을 울리는 글이나 대사를 보면 핸드폰 메모지에 적고 카메라로 사진을 찍어서 개인 블로그에 보관했다. 지금 내 블로그에는 대략 300개 정도의 명언이 있다.

명언의 힘은 짧지만 강력하다. 짧은 한 문장 안에 글쓴이의 삶과 경험이 농축되어 있기 때문이다. 말 한마디가 천 냥 빚을 갚고 인생을 바꾼다는 말처럼 한마디의 위력은 그만큼 강하다.

나는 영어를 공부하면서 모아놓은 영어 명언들을 활용했다. 유명 강사들은 강연을 할 때 항상 명언을 인용하거나 만들어 사용한다. 그런 명언을 영어로 사용한다면 듣는 이들에게 영어를 굉장히 잘하는 것처럼 느끼게 만들 뿐만 아니라 실제로도 문장 표현력과 구성력이 좋아진다.

영어 명언을 하루에 10개만 외워보자. 명언 100개만 외워도 그 패턴을 사용해 문법에 대한 이해력을 높일 수 있다. 또한 명언의 패턴을 이용해 10가지 다른 문장으로 변형해서 활용해보자. 한 문장을 외워 10개의 문장을 쓸 수 있고 문장 10개를 외우면 문장 100개를 만들 수 있다.

## 1. Well done is better than said.
ⓐ is better than ⓑ.

### 행동이 말보다 낫다.

Well seen is better than heard. 백문이 불여일견이다.

Well done is better than planned. 계획보다 실천이다.

Well spent is better than saved. 저축보다 잘 쓰는 게 낫다.

## 2. The more we do, the more we can do.
The more ⓐ, the more ⓑ.

### 많이 할수록 더 잘할 수 있다.

The more we eat, the more weight we gain. 많이 먹을수록 더 살이 찐다.

The more we read, the smarter we can be. 많이 읽을수록 더 똑똑해진다.

The more we speak, the better we can speak.

많이 말할수록 더 말을 잘할 수 있다.

## 3. The ocean is made of drops.
ⓐ is made of ⓑ.

### 바다는 물방울이 모여 만들어진다.

The success is made of effort. 성공은 노력이 모여 이루어진다.

The team is made of talented. 그 팀은 능력자들로 이루어져 있다.

A mountain is made of dirt. 티끌 모아 태산이다.

4. Anyone who has never made a mistake has never tried anything new.

Anyone who has never Ⓐ has never Ⓑ.

한 번도 실수한 적이 없는 사람은 한 번도 새로운 것에 도전해보지 않은 사람이다.

Anyone who has never been to Seoul has never been to Korea.

한 번도 서울에 가보지 않은 사람은 한 번도 한국에 가보지 않은 사람이다.

Anyone who has never had sushi has never had Japanese food.

한 번도 초밥을 먹어보지 않은 사람은 한 번도 일본 음식을 먹어보지 않은 사람이다.

Anyone who has never read a book has never had food for the mind.

한 번도 책을 읽지 않은 사람은 한 번도 마음의 양식을 먹지 않은 사람이다.

5. To move the world, you must first move yourself.

To Ⓐ, you must first Ⓑ.

세상을 움직이기 위해서는 먼저 네 자신을 움직여야 한다.

To succeed in the future, you must first have your own dream.

미래에 성공하기 위해서는 먼저 너만의 꿈을 가져야 한다.

To be a writer, you must first read a lot of books.

작가가 되기 위해서는 먼저 많은 책을 읽어야 한다.

To move other people's mind, you first move yourself.

다른 사람의 마음을 감동시키려면 먼저 네 자신을 감동시켜야 한다.

## 6. Pain is temporary. Quitting lasts forever.

Ⓐ is temporary. Ⓑ lasts forever.

고통은 잠시뿐이지만 포기는 영원히 남는다.

Word is temporary. Writing lasts forever.

말은 잊히지만 글은 영원히 남는다.

Body is temporary. Soul lasts forever.

육체는 잠시뿐이지만 영혼은 영원하다.

Dating is temporary. Loving lasts forever.

연애는 잠시뿐이지만 사랑은 영원하다.

## 7. I don't regret the things I've done. I regret the things I didn't do when I had the chance.

I don't regret Ⓐ. I regret Ⓑ.

나는 내가 했던 일을 후회하지 않는다. 기회가 왔을 때 하지 않았던 것을 후회할 뿐이다.

I don't regret that I loved you. I regret that I missed you.

나는 너를 사랑한 것을 후회하지 않는다. 너를 놓친 것을 후회한다.

I don't regret that I didn't save more money. I regret that I didn't save more time.

나는 많은 돈을 모으지 못한 것을 후회하지 않는다. 많은 시간을 아끼지 못한 것을 후회한다.

I don't regret mistakes I made. I regret effort I didn't make.

나는 실수한 것을 후회하지 않는다. 노력하지 않은 것을 후회한다.

8. If I have lost confidence in myself, I have the universe against me.

If I have Ⓐ, I have Ⓑ.

자신감을 잃으면 세상이 나의 적이 된다.

If I have lost one real friend, I have the world against me.

진정한 친구 한 명을 잃으면 세상은 나의 적이 된다.

If I feel anger, I have the world against me.

분노를 느끼면 세상은 나의 적이 된다.

If I dismiss mistakes, I have the success against me.

실수를 무시하면 성공은 나의 적이 된다.

9. No one can make you feel inferior without your consent.

No one can Ⓐ without Ⓑ.

당신의 동의 없이는 아무도 당신에게 열등감을 느끼게 하지 못한다.

No one can succeed without effort.

노력 없이는 성공도 없다.

Nothing would be finalized without the boss' consent.

상사의 동의 없이는 아무것도 결론짓지 못한다.

Nothing can make you feel satisfied without your motivation.

당신의 동기 없이는 아무것도 당신을 만족시켜주지 못한다.

No one can live alone without other people.

다른 사람들 없이 누구도 혼자 살아갈 수 없다.

## 10. Whether you think you can or not, you're right.

Whether Ⓐ or Ⓑ, you're right.

할 수 있다고 생각하면 할 수 있고 할 수 없다고 생각하면 할 수 없다.

Whether you think you can speak English or not, you're right.

영어를 잘할 수 있다고 생각하면 잘할 수 있고 잘할 수 없다고 생각하면 잘할 수
없다.

Whether you think you can lose weight or not, you're right.

살을 뺄 수 있다고 생각하면 뺄 수 있고 뺄 수 없다고 생각하면 뺄 수 없다.

Whether I think we can be lover or not, i'm right.

내가 연인이 될 수 있다고 생각하면 우리는 연인이 될 수 있고 될 수 없다고 생각
하면 될 수 없다.


## SNS로 하루에 10문장 써먹기

　영어를 할 수 있으면 우리는 잠재적으로 10억 명의 사람들과 관
계를 맺고 소통할 수 있다. 관계가 넓어진다는 것은 생각과 경험
이 확장된다는 것을 의미한다. 한국 사람들과의 한정된 만남에서
는 접할 수 없는 다양한 경험과 지식을 얻을 수 있다. 나는 영어를
통해 카타르, 소말리아, 베네수엘라, 우즈베키스탄 등 다양한 나라
의 친구들을 만날 수 있었다. 각기 다른 언어에도 우리가 소통할
수 있었던 이유는 바로 영어라는 링구아프랑카(공용어) 덕분이다.

영어는 어느 나라에서 왔건 그 사람과 관계를 이어주는 징검다리 역할을 한다. 특히 요즘에는 국적을 불문하고 페이스북과 인스타그램 등 소셜네트워크(SNS)가 전 세계적으로 퍼져 있다. 영어를 통해 그들과 친구를 맺고 소통할 수 있다.

SNS에서 영어 공부를 할 수 있는 또 다른 방법은 외국인들이 영어로 쓴 리플을 살펴보는 것이다. 유명 연예인의 SNS에 들어가 영어로 쓰인 리플들을 읽어보자. 같은 내용도 국가별, 인종별, 나이별로 각기 다르게 쓰는 걸 볼 수 있다.

세계적인 팝스타 저스틴 비버의 SNS에 들어가서 게시물을 하나하나 살펴보면 팬들의 사랑한다는 표현도 정말 다채롭고 풍부하다. "You are my angel." "Jesus blessed u with such a golden heart." "You are my world."

SNS에서 활용할 수 있는 영어 문장 10개로 10억 명의 친구들을 만나보자.

## 1. I googled you.

난 널 검색했어.

He Kakaotalked me. 그는 내게 카톡을 보냈어.

Kakaotalk me when you're home. 집에 들어가면 카톡 보내.

## 2. I saw you on Instagram.

난 당신을 인스타그램에서 봤어요

I found you out on facebook. 난 널 페이스북에서 찾아냈어.

I met her on tweeter. 난 그녀를 트위터에서 만났어.

## 3. She uploaded a picture on her account.

그녀는 그녀의 계정에 사진을 올렸어.

I posted it on my Facebook. 나는 페이스북에 글을 올렸어.

I uploaded a post on Instagram. 나는 인스타그램에 게시물을 올렸어.

## 4. How many followers do you have?

팔로워가 몇 명이니?

How many likes does it have? 그 게시물은 '좋아요'가 몇 개야?

How many comments on the post? 그 게시물에 달린 리플이 몇 개야?

## 5. Why don't you follow me on Instagram?

내 인스타그램 팔로우 안 할래?

Why don't you send me a friend request? 왜 나한테 친구 요청 안 보내?

Why don't you accept my friend request? 왜 내 친구 신청 수락하지 않니?

## 6. What social media do you use?

당신은 어떤 SNS를 사용하나요?

What social media are you on? 당신은 어떤 소셜 미디어를 사용 중인가요?

Which social media do you use instagram or facebook?
당신은 인스타그램과 페이스북 중에 어떤 걸 사용하세요?

## 7. She unfriended me.

그녀는 날 친구 삭제했어.

My ex-girlfriend blocked me. 내 전 여자 친구는 날 차단했어.

I unfollowed her. 난 그녀를 언팔했어.

## 8. I banned him from the chatting room.

난 그를 채팅방에서 쫓아냈어.

He keeps spamming. 그는 계속 스팸을 보내고 있어.

I reported his illegal post to Instagram manager.
나는 인스타그램 관리자에게 그의 불법적인 게시물을 신고했어.

## 9. Please leave a comment.

댓글 달아줘.

Please reply to my message. 메시지로 답장주세요.

Don't leave a private comment. 개인적인 댓글은 삼가주세요.

## 10. Hashtag me.

### 나를 해쉬태그해줘.

DM me. 다이렉트 메시지 보내.

I tweeted it. 난 그걸 트위터에 올렸어.

# 절대로 잊어버릴 수 없는 369 단어 암기법

나는 똑똑한 것이 아니라
단지 문제를 더 오래 연구할 뿐이다.
- 아인슈타인

## 3번 읽고 6번 쓰고 9번 말하라

영어 단어는 왜 이렇게 많은 것일까? 걱정하지 말자. 그 모든 영어 단어를 알 수도 없고 알 필요도 없다. 한국어가 모국어인 우리도 아직 모르는 한국어가 있다.

2011년에 〈우리말 겨루기〉라는 프로그램에 나간 적이 있다. 그 프로그램을 준비하면서 국어사전을 보았는데 모르는 한국어가 이렇게 많다는 것에 새삼 놀랐다. 하지만 우리는 그 단어들을 다 알지 못해도 대화하고 뉴스를 읽고 책을 읽는 데 불편함이 없다.

가장 큰 이유는 모르는 단어가 글을 읽거나 대화하는데 방해가 되지 않기 때문이다.

뉴스를 듣다 '기시감'이라는 단어를 들었는데 처음 듣는 단어였다. 뉴스룸의 손석희 앵커와 하정우 배우의 대화였다. 손석희 앵커는 하정우 배우에게 "다작을 하다 보면 기시감을 느끼지 않습니까?" 하고 물었다. 처음 듣는 단어였지만 문장의 앞뒤 문맥을 통해 '마치 이전에 찍어본 작품인 듯 느껴지는 데자뷰 현상'이라는 의미가 저절로 파악됐다.

이처럼 단어는 글의 흐름과 앞뒤 문맥을 통해 파악할 수 있다. 문제는 모르는 단어가 너무 많을 때다. 모르는 단어가 많으면 많을수록 문맥을 짚기 어렵다. 최대한 단어를 많이 알고 있어야 글의 흐름을 파악하고 어려운 단어도 문맥으로 파악할 수 있다.

단어를 외우는 것은 나도 하기 싫은 일 중 하나였다. 무언가를 무조건 외운다는 것은 고통 그 자체였다. 토익 만점에 자꾸 실패하던 어느 날 단어 외우는 방법을 바꿔보기로 했다. 그동안은 눈으로 단어를 여러 번 읽고 단어를 가리고 한국어로 일대일 대응시키는 방법을 사용했었다. 어떻게 하면 단어를 좀 더 빨리, 좀 더 쉽게 외울 수 있을까 고민했고 눈으로만 읽고 외우는 대신에 단어와 예문을 적고 입으로 여러 번 반복해 소리 내며 외워봤다. 신기하게도 훨씬 더 쉽게 외워지는 게 아닌가!

**나만의 369 단어 암기장**

| | 연상 이미지 | 한글 뜻 | 예문 | 영영사전 뜻 |
|---|---|---|---|---|
| **fortune** <br> · 유의어 : <br> luck, chance, fate <br> · 반의어: <br> poverty, misfortune | · "포춘" 쿠키 | 행운 | · Only God knows people's fortune | · luck <br> · especially good luck |
| **compulsory** <br> · 유의어 : <br> obligatory, mandatory <br> · 반의어: <br> voluntary, unforced | · 강제로 "껌 파는 소리" | 강제적인 | · English is a compulsory subject for me | · required by law or a rule |
| **dedicated** <br> · 유의어 : <br> committed, devoted <br> · 반의어: <br> indifferent, unconcerned | · "daddy"(헌신하는 아빠) | 헌신적인 | · My dad is dedicated to my family | · evoted to a task or purpose |

　나에게만 적용되는 것인가 싶어 가르치던 학생들을 대상으로 실험을 해봤다. 모든 수업에는 단어 시험이 있었는데 대부분의 아이들이 눈으로 몇 번 읽고 외우는 것이 전부였다. 나는 처음 보는 단어 20개를 가지고 학생들을 두 그룹으로 나눴다. 첫 그룹은 단어를 3번 읽고 6번 쓰고 9번 말하게 했고 두 번째 그룹은 3번 말하고 6번 쓰고 9번 읽게 했다.

　결과는 흥미로웠다. 2번 그룹의 정답률은 40%에 그친 반면

1번 그룹의 정답률은 75%였다. 결국 눈으로 읽는 횟수를 늘리기보다는 말하는 횟수를 늘리는 것이 단어 암기에 효과적이라는 이야기다.

이 암기법이 나에게만 효과가 있는 것이 아니었다는 걸 확인했다. 그 후로 단어 암기가 수월해졌고 지금 배우고 있는 중국어 단어 암기에도 적용하며 톡톡히 효과를 보고 있다. 시너지 효과를 위해서 말을 하면서 동시에 머릿속에 이미지를 떠올리면 더 좋다.

나는 단어의 소리나 이미지를 경험과 연관시켰다. 나와 연관시켜야 기억이 장기 기억으로 넘어가 더 잘 외워졌다. 예문도 사전에 있는 예문을 내가 잘 기억할 수 있는 나만의 것으로 변형시켜 적었고 한글 뜻만 봐서는 어떻게 사용되는지 모르기 때문에 영영사전에서 영어로 된 뜻을 찾아 적어 넣었다.

그러자 단어장을 만들고 외우는 일이 괴롭지 않고 재미있어졌다. 나는 단어장을 들고 다니며 한 번에 다 외우지 않고 적정한 시간 간격을 두고 짧은 시간 여러 번 반복해서 외웠다. 효과는 놀라웠다. 특히 지하철, 버스 안에서 단어장을 본 것이 큰 도움이 되었다. 단어를 계속 입으로 반복해서 중얼거리다 목적지를 지나친 적도 많다. 너무 많이 봐서 종이가 닳아 찢어지고, 물이 묻어 잉크가 번져 알아볼 수 없는 경우도 많았지만 내가 모르는 것이 아는 것으로 바뀌어 간다는 점이 뿌듯했다.

# 6가지만 지키면 영원히 기억된다

### 1. 단어는 핵심 어휘부터 공부하라.

가장 자주 나오고 자주 사용하는 단어가 제일 중요하다. make, take, get 같은 동사는 뒤에 전치사가 붙을 때마다 뜻이 달라지고 사용되는 범위도 넓다.

### 2. 주제별로 공부하라.

식당에서 영어를 사용하고 싶다면 식당에 관련된 영어 어휘를 많이 공부해야 한다. order, for here or to go, restaurant처럼 관련 어휘를 공부하자.

### 3. 동의어와 반의어를 공부하라.

like란 단어를 외웠다면 이와 비슷한 뜻을 가진 prefer, enjoy, love 등의 유의어와 dislike, hate 등의 반의어까지 같이 공부하면 더 좋다

### 4. 접두사와 접미사에 익숙해져라.

단어는 크게 '접두어-어근-접미사'로 구성되어 있다. 예를 들어보자.

| unfortunately | 불행하게도 |
|---|---|
| – un : 반대말을 만드는 접두사<br>– fortune : (명사) 운, 행운 | – ate : 형용사를 만드는 접미사<br>– ly : 부사를 만드는 접미사 |

　depend라는 단어는 '의존하다'라는 뜻이다. 앞에 in이라는 접두사가 붙어 independent가 되면 '의존하다'의 반대인 '독립하다'라는 뜻이 된다. possible 앞에 im이 붙으면 마찬가지로 '불가능한'이라는 뜻이 된다. 따라서 단어를 공부하다 보면 공통된 접두사나 접두어를 발견하게 되고 그 의미를 자연스럽게 익힐 수 있다.

### 5. 단어로 문장을 만들어라.

　단어를 외웠다는 것은 단순히 그 단어의 한국어 뜻을 아는 것이 아니다. 내가 그 단어를 이용한 영어 문장을 만들 수 있느냐이다. 많은 사람들이 이 부분을 놓치고 있다. 외운 단어를 사용해 내 문장을 만들어 쓰고 말할 수 있을 때 단어는 온전히 내 것이 된다.

### 6. 10분씩 10번 반복하라.

　단어를 단기 기억에서 장기 기억으로 이동시키는 방법은 반복이다. 단어 암기 한 번에 많은 시간을 투자할 필요도 없다. 한 번에 10분, 10번 반복하면 충분하다.

# 원어민처럼 말문이 터지는 십장생 스피킹

춤추는 별을 잉태하려면 반드시
스스로의 내면에 혼돈을 지녀야 한다.
— 프레드리히 니체

## 감정을 넣으면 그럴싸해진다

첫 오디션을 봤을 때 나는 '로봇'과도 같았다. 잘하고 싶다는 열
정으로 수없이 대본을 외우고 연습했다. 오디션을 보러 들어가기
전 심호흡을 하고 손잡이를 돌려 문을 열었다. 문을 열고 들어가
는 순간 그곳의 기운은 바깥 공기와 달리 차갑고 오싹했다. 방 가
운데 커다란 카메라 한 대와 나를 노려보고 있는 세 명의 심사위
원들. 그런 느낌은 태어나 처음이었다. 떨리는 목소리로 자기소개
를 하고 준비한 연기를 시작했다. 입을 떼는 순간 머릿속은 백지

가 됐고 몸은 얼음장처럼 꽁꽁 얼어붙었다. 대사를 내뱉고는 있었지만 감정과 진심이라고는 찾아볼 수 없는 일정한 톤으로, 마치 음성인식기처럼 말하고 있었다.

"우리 이제 헤어져. 우리 더 이상 만나기 힘들 것 같아. 나보다 좋은 사람 만나."

사랑하는 연인에게 자신의 비참한 처지를 숨긴 채 냉정하게 이별을 고하는 장면이었다. 첫 오디션이라는 긴장과 압박감에 감정이 하나도 전달되지 않았다.

일상의 대화에서도 감정은 중요하다. 사랑하는 연인에게 이별을 말할 때, 짝사랑하는 그녀에게 사랑을 고백할 때, 사랑하는 가족이 병에 걸렸을 때. 우리의 언어 안에는 희로애락이 담겨 있다.

우리가 언어로 소통할 때 말하는 내용은 전달력에 있어서 7%를 차지하지만 그 외의 목소리 톤이나 발음, 바디랭기지 같은 비언어적 요소가 93%를 차지한다고 한다. 같은 말도 톤이나 억양, 표정에 따라서 듣는 사람에게 다르게 전달된다는 이야기다.

영어도 문장을 외우거나 대사를 따라 할 때 상황을 머릿속에 그리고 감정을 실어야 한다. 내가 사용했던 스피킹 방법은 10분 동안 장면을 머릿속에 생생하게 떠올리며 말하는 '십장생 스피킹'이었다. 이동하는 지하철이나 버스 안에서 머릿속에 상황을 그리고 감정을 실어 영어로 대화하는 연습을 했다. 계속 혼잣말을 하니 사람들이 이상하게 본 적도 많았지만 상관없었다. 남들 눈에는 이상해도 나에게는 공부하고 성장하는 시간이었다. 황사와 미세먼지가 심해지면서 마스크를 착용하고 연습을 하니 이상하게 보는 시선도 많이 사라졌다. 요즘도 마스크를 끼고 지하철과 버스 안에서 십장생 스피킹 훈련을 한다.

동료 배우들 사이에서 나는 영어를 잘한다는 이유로 부러움과 동경의 대상이었다. 어느 날 동료 연극배우 형이 자기도 영어를 잘하고 싶다며 나에게 방법을 물었다.

나는 먼저 형에게 좋아하는 영화가 무엇인지 물어보았다. 그는 〈굿 윌 헌팅〉이 자신의 인생 영화라고 했다. 나는 바로 그 자리에서 스마트폰으로 〈굿 윌 헌팅〉을 켜고 한 장면의 대사를 형과 주고받았다. 형은 이미 그 영화를 10번 이상 봐서 모든 내용과 한글 대사를 꿰뚫고 있던 상태였다. 처음에는 내가 맷 데이먼으로, 그 다음에는 로빈 윌리엄스가 되는 식으로 서로 역할을 번갈아가며 마치 역할극을 하듯 대사를 주고받았다. 우리는 웃고 떠들고 즐기며 재밌게 대사를 외웠다. 형은 자기가 좋아하는 영화의 대사를 영어로 조금이나마 말할 수 있게 되자 더욱 흥미로워했다. 비록 짧은 시간이었지만 이미 익숙하고 관심 있는 영화를 활용했고, 그 장면을 생생하게 떠올리며 말했기 때문에 쉽게 외울 수 있었던 것이다.

드라마와 영화 대사를 따라 할 때 단순히 말만 따라 하는 것이 아니라 그 인물의 감정과 태도, 말하는 의미와 목적을 생각하면서 따라 해보자. 그 인물이 왜 이 말을 하는지, 이 말을 하는 목적이 무엇인지, 상대방에게 어떤 내용을 전달하고자 하는지 생각하면서 따라 하는 것이 좋다. 감정을 느끼면 상황과 대사에 더 몰입할 수 있고 전달력과 표현력도 훨씬 좋아진다.

어휘력이나 문장 표현력이 뛰어나지 않아도 진심을 다해서 감정을 전달하면 충분하다. 영어를 잘한다는 건 화려한 발음이나 어려운 단어를 사용하는 것이 아니다. 정확하지 않은 발음과 단순한 단어를 사용하더라도 의사소통이 되고 있다면 그것이 영어를 잘하고 있다는 증거다.

## 십장생 스피킹으로 영어 대사 연습하기

### 1. 상황을 이해하자.

예를 들어 드라마 〈프리즌 브레이크〉의 대사를 연습한다고 치자. 먼저 극 중 상황을 이해할 필요가 있다. 링컨과 LJ는 부자 관계다. 링컨은 살인 누명으로 감옥에 수감돼 사형선고를 받았다. 앞으로 살아갈 날이 얼마 남지 않았고 자신의 아들은 세상에 홀로 남겨진다. LJ는 감옥에 갇혀 억울한 죽음을 맞이하게 될 아버지가 안

타까운 한편 자신을 홀로 두고 떠난다는 생각에 원망스러움이 교
차한다.

## 2. 감정을 이입하자.

**Lincoln** : Um··· in the end, the only thing that matters is love.
Blood, family, you··· Um··· Give me your hand.

결국 마지막에 중요한 건 사랑이야. 혈육, 가족··· 그리고 너. 손 좀 줘볼래?

아들에게 마지막으로 전하는 진심, 아들에 대한 깊은 애정이 묻어난다.

**L.J** : What are you doing?

뭐하시게요?

L.J는 자신을 두고 홀로 떠나는 아버지가 원망스럽다.

**Lincoln** : Give me your hand. I want you to be there··· the day
before I die.

손 좀 줘보라니까··· 네가 거기 와줬으면 좋겠구나···. 내가 죽기 전에 말이야.

자신의 죽음을 이미 알고 있는 참담한 심정이다. Llncoln은 하나뿐인 아들
의 얼굴을 마지막 순간에 꼭 보고 싶다.

**Lincoln** : So I can see you. So I can hold you. I, uh I love you. I've
always loved you.

내가 널 볼 수 있고 만질 수 있도록··· 난··· 널 사랑한단다. 언제나 널 사랑했어.

이 세상 그 무엇보다 아들, L.J를 제일 사랑하는 Lincoln의 마음.

L.J : This whole thing··· I don't know if I can take it.

이 모든 일을··· 제가 견딜 수 있을지 모르겠어요.

L.J는 아버지 없는 삶이 두렵다. 어떠한 일들이 벌어질지 무섭고 혼자서 감당하기에는 너무나 외로울 것만 같다.

Lincoln : Me, either. I don't have a choice··· You do.

나도 그래···. 내게는 선택할 수 있는 기회가 없지만··· 넌 그렇지 않단다.

나는 더 이상 희망이 없지만 너에게는 앞으로 살아갈 날이 더 많고 기회와 잠재력이 있다. 아들아, 희망을 잃지 마라. 넌 할 수 있다.


**3. 표정과 바디랭기지를 적극적으로 사용하자.**

한국어와 영어를 쓰는 사람들의 큰 차이 중 하나는 표정과 바디랭기지에 있다. 한국어는 언어의 톤과 높낮이가 일정할 뿐만 아니라 표현보다는 절제를 중요시한다. 외국인을 보면 표정과 몸짓이 무척 다양하다. 표정과 몸짓도 언어의 일부분이다. 영어 실력이 조금 부족해도 표정과 몸짓에서 진심이 전달되면 원활한 소통에도 도움을 준다.

# 영어 면접은 토크쇼로 배우자

세상은 고통으로 가득하지만,
그것을 극복하는 사람들로도 가득하다.
– 헬렌 켈러

## 토크쇼에는 생각과 감정이 있다

취업과 오디션의 당락을 가르는 마지막 관문은 면접이다. 면접 중에서도 특히 영어 면접이 제일 준비하기 어렵다. 토익 점수가 일차전이라면 영어 면접은 최종 라운드다. 앞에서 좋은 점수로 서류를 통과했더라도 마지막 관문인 면접을 통과하지 못하면 모든 게 헛수고가 된다.

나는 영어 강사 면접에서 번번이 낙방했다. 영어로 질문에 답하고 자신을 어필한다는 점이 어려웠다. 그때 내가 선택했던 방법은 영어 토크쇼를 보는 것이었다. 영어의 끈을 놓지 않았던 이유는 언젠가 할리우드에서 좋아하는 배우들처럼 영어로 자유롭게 이야기하고 싶었기 때문이다. 토크쇼의 장점은 드라마나 책보다 자연스러운 '대화'가 나온다는 점이다.

작품에서 캐릭터로만 보았던 배우가 토크쇼나 예능에 나와서 인터뷰를 하면 그 배우 본연의 모습을 볼 수 있어서 색다를 때가 많다. 영화에서 주로 악역을 맡는 배우 김병옥 선배님은 맡은 역할과는 정반대의 모습이다. 착하고 배려심이 많아 오히려 사기를 여러 번 당하셨다고 한다. 배우 김성균 선배님도 영화 속 나쁜 캐릭터와는 달리 순수하고 순박했다. 사람들은 캐릭터와 상반된 배우의 본모습을 볼 때 매력을 느끼고 흥미를 갖게 된다.

이처럼 인터뷰는 질문과 대답을 통해 그 사람이 가지고 있는 생각과 감정, 그리고 성격까지 알아볼 수 있다.


## 다양한 질문에 대답해본다


면접 때 어떤 질문이 나올지는 모르지만 다양한 예상 질문으로 대비는 가능하다. 나는 영어 강사 면접을 대비하며 몇 개의 문제를 노트에 쓰고 대답을 준비했다.

1. 영어 강사로서 본인만의 강점이 무엇인가?
2. 영어는 얼마나 어떻게 공부했는가?
3. 학생들에게 어떤 방식으로 가르칠 것인가?
4. 카리스마 유형인가 부드러운 유형인가?

이런 식으로 나올 수 있는 문항들을 쭉 써놓고 하나하나 나만의 답변을 준비했다. 내가 배우 프로필에 쓴 특기는 영어였기 때문에 오디션을 볼 때도 영어 면접 준비는 필수였다.

1. 간단한 영어 자기소개
2. 배우로서 나만의 장점은 무엇인가?
3. 어떤 역할에 자신 있는가?
4. 좋아하는 배우와 영화는 무엇인가?

이렇게 나올 수 있는 문제를 최대한 나열하고 면접장에서 당황하지 않게 만반의 준비를 해야 한다. 질문은 예상범위에서 크게 벗어나지 않는다. 나는 이 방법을 여러 번 연습하여 당황하지 않고 자신감 있게 영어 면접을 통과할 수 있었다. 내가 예상할 수 있고 그에 알맞은 만반의 준비가 되어 있다면 긴장하거나 당황할 일은 줄어들 것이다.

## 나의 감정과 의견을 스토리텔링 하라

영어 면접은 나의 생각과 의견, 감정을 영어로 얼마나 잘 표현하는가가 중요하다. 특정 주제에 대한 자신의 생각을 영어로 말하는 연습이 필요하다. 이 연습은 토익 스피킹 시험에도 매우 도움이 된다. 토익 스피킹의 고득점을 좌우하는 마지막 파트 5, 6은 문제 해결과 찬반 의견 제시이기 때문이다.

특히 의견을 스토리텔링으로 제시하면 효과적이다. 내가 겪은 경험은 나만의 것으로 하나의 이야기가 된다. 영어 강사 면접에서 "영어 강사로서 차별점이 무엇이냐?"는 질문을 들었다. 질문 리스트에서 준비했던 질문이었다. 나는 남들과 달리 배우란 일을 하며 영어 강사를 하게 된 내 이야기했다. 다른 강사들과 달리 연기를 곁들여서 가르치기 때문에 아이들에게 표현력과 전달력을 키워 줄 수 있는 것이 내 강점이라고 말했고 효과적으로 어필되었다.

단순히 "나는 영어를 잘합니다." "나는 연기를 잘합니다."라는 말은 누구나 할 수 있고 신뢰를 주지 못한다. 내가 겪은 이야기를 덧붙여서 구체적으로 스토리텔링을 해야 한다. 지금까지 어떻게 살아왔고 어떤 일을 겪었고 그 일에서 무엇을 느끼고 배웠는지를 구체적으로 준비하면 영어 면접에서 큰 효과를 발휘할 것이다.

## 좋아하는 인터뷰는 10번 반복하라

내가 얼마 전 공부했던 인터뷰는 드라마 〈셜록〉으로 유명한 베네딕트 컴버배치의 인터뷰였다. 영화 〈닥터 스트레인지〉의 개봉을 앞두고 영화를 찍으면서 있었던 에피소드와 캐릭터에 대해서 말하는 내용이었다. 약 5분가량의 토크쇼였는데 하루 10분씩 5일이면 암기할 수 있는 분량이었다. 나는 유튜브와 어플을 통해 한 문장씩 열 번을 반복해서 듣고 따라 하며 암기했다. 문장을 암기할 때는 딱딱하게 외우는 것이 아니라 실제로 베네딕트 컴버배치에게 감정을 이입해 말했다.

MC : This one's a bit tough, but what is your favorite film of all time?

조금 어려운 질문이지만, 당신의 인생 영화는 무엇인가요?

Cumberbatch : That is tough, and anyone who knows me knows I never ever do favorites, but should I do some favorites from this year?

어려운 질문이네요. 저를 아는 분들은 제가 편애를 절대 안 한다는 걸 아실 텐데, 그럼 올해 작품 중에 가장 좋아하는 걸 골라볼까요?

MC : Yeah, let's go for that.

네 그렇게 하시죠.

Cumberbatch : I can't do favorites of all time. It's not gonna end up well in your kind of run of things.

인생 영화를 고르기는 힘들어요. 결과가 만족스럽지 않으실 거예요.

I thought Arrival, Manchester By the Sea, and Moonlight were just phenomenal. I haven't seen Fences yet.

저는 〈컨택트〉, 〈맨체스터 바이 더 씨〉, 〈문라이트〉가 가장 훌륭했던 것 같아요. 〈펜스〉는 아직 못 봤네요.

My taste goes all over the place and great filmmakers, great eras, things that are nostalgic. So I can't do it. I'm so sorry.

제 취향은 중구난방이에요. 그리고 훌륭한 감독들과 시대를 뛰어넘어 향수를 일으키는 것도 있어서. 죄송해요. 선택하지 못하겠어요.


컴버배치의 인생 영화에 대한 질문과 대답이었다. 열 문장에 불과했지만 하루 10분 동안 10번 반복하면 충분히 외울 수 있는 내용이었고 좋은 표현도 많았다. 여기서 배웠던 표현으로 내가 오디션에서 활용했던 내용이다.

That is tough question, though. Anyone who knows me knows I never ever do favorites. But If I should choose the film of the year, I'd go for LaLa Land. My taste usually goes all over the place but LaLa Land was phenomenal and nostalgic. So I think LaLa Land is the film of the year.

어려운 질문이네요. 저를 아는 사람들은 제가 편애하지 않는다는 걸 알아요. 하지만 올해의 영화를 골라야 한다면 저는 〈라라랜드〉를 선택하겠습니다. 제 취향은 중구난방이지만 〈라라랜드〉는 경이롭고 향수를 불러일으켰어요. 그래서 저는 〈라라랜드〉가 올해의 영화라고 생각합니다.

이런 식으로 베네딕트 컴버배치의 이야기에서 나왔던 표현을 응용해 나만의 대답을 만들었다. 이런 패턴이 20개만 있어도 영어 면접이나 인터뷰가 두렵지 않을 것이다.

지금 당장 유튜브를 켜서 좋아하는 할리우드 배우나 CEO의 이름, 'interview'나 'talkshow'를 같이 검색하고 10번 반복해서 따라 하며 내 것으로 만들자. 우리의 영어 선생님은 학원에만 있는 것이 아니라 유튜브, 어플리케이션 등 도처에 널려 있다. 이 중에서 좋은 표현을 찾아 반복하고 활용해서 진짜 내 것으로 만들어야 한다.

# 단기간에 영어 습득하는 샤워 컨버세이션

'샤워 컨버세이션'은 샤워를 하면서 영어로 가상의 대화를 해보는 연습 방법이다. 샤워를 하는 동안 그날 공부한 문장을 입으로 소리 내어 가상의 상대와 대화하는 것이다. 이 방법의 장점은 내가 화자와 청자 양쪽 입장이 되어 질문을 주고받을 수 있어 영어로 대화하는 데 도움을 준다. 내가 질문자가 되었다가 답변자가 되었다가 하면서 주어진 상황 안에서 가상의 인물과 대화해보자.

가상의 대화를 할 때 나는 우선 특정 상황을 만든다. 우연히 친구와 만나 안부를 묻는 상황, 미국 토크쇼에 나가 인터뷰 하는 상황 등을 만들고 대화를 한다. 그러면서 내가 할 수 있는 말과 하고 싶지만 나오지 않는 말을 구별하고 하고 싶은 말을 하기 위해서 생각한 다음 다시 내뱉어보는 방식으로 되풀이한다.

세계 2차 대전 중에 미국은 빠른 시간 안에 한국 군인들에게 영어를 가르쳐야 했다. 그래서 그들이 썼던 방법은 선생 두 명에 학생 한 명을 두고 하루에 20시간 동안 스파르타식으로 끊임없이 질문하고 대답하게 했다. 단 몇 주 만에 한국 군인들은 영어로 소통하게 되었고 이 방법은 효과가 입증되어 미군이 자국의 군인들에게 프랑스어나 독일어를 가르칠 때도 똑같은 방식을 사용하게 되었다.

# 4장

# 영어,
## 인생 걸림돌이 아니라
## '돌파구'가 될 수 있다

ENGLISH

# 배우들의 대본 암기 비결

성실함의 잣대로 스스로를 평가하라.
그리고 관대함의 잣대로 남들을 평가하라.
- 존 미첼 메이슨

## 못 외우면 물러나는 거야

연기를 시작하면서 마주친 어려움 중 하나는 대사를 외우는 것
이었다. 단어 하나도 외우기 쉽지 않은데 짧게는 몇 마디, 길게는
한 페이지 가득한 대사를 제한된 시간 안에 외우기란 하늘의 별
따기처럼 어려웠다. 연기할 때는 대사도 외워야 하지만 대사를 입
에 붙게 습득해야 하고 감정과 목표까지 투영해 상대방에게 전달
해야 한다. 그야말로 연기는 멀티태스킹이다. 갖은 노력을 다해 외
웠나 싶다가도 막상 오디션이나 현장에서 "액션" 소리와 함께 카

메라가 돌아가면 머리는 백지가 되고 외웠다고 생각했던 대사들은 연기처럼 머릿속에서 사라지기 일쑤였다.

텔레비전이나 스크린에서 배우들의 연기를 보면 저 많은 대사를 어떻게 외울까 하는 궁금증이 생긴다. 배우 이순재 선생님은 배우로도 인간적으로도 무척 존경하는 분이다. 여든셋이라는 연세가 믿기지 않을 만큼 놀라운 기력과 활동력으로 60년간 텔레비전과 무대를 종횡무진하고 있다. 현장에서 이순재 선생님은 대사 NG가 없기로 유명하다. 선생님께서는 대사 암기는 배우의 기본 중 기본이라고 말씀하셨다. 하루에 580마디의 대사를 다 외운 적도 있다고 한다. 연극 〈세일즈맨의 죽음〉에서는 장장 세 시간 동안 끊임없이 독백을 하는 엄청난 대사량에도 불구하고 실수 한 번 없이 끝내시는 걸 보고 굉장한 감동을 받았다. 선생님께서는 대사를 외워야 연기를 할 수 있기 때문에 "못 외우면 물러나는 거야."라고 말씀하신다. 외우기 위해 끊임없이 보고 반복하는 것이다.

"대사를 외울 수 없을 때가 오면 연기를 그만둬야겠지만 아직 팔팔하다. 새로운 대본만 보면 설레고 가슴이 뛴다."

선생님의 암기 비결은 〈꽃보다 할배〉를 통해 알게 되었다. 선생님은 스페인으로 향하는 비행기에서 남들이 잘 때도 스탠드를 켜고 스페인의 정보와 언어를 공부하셨다. 공부에 대한 끊임없는 열정과 반복으로 영어는 물론 불어, 일어, 독일어까지 4개 국어를 구사하신다. 절로 고개가 숙여졌다.

이순재 선생님과 영화 〈그대를 사랑합니다〉에서 호흡을 맞췄던 배우 윤소정 선생님은 나의 멘토이다. 하늘과 땅 차이의 나이와 경력에도 불구하고 어떤 권위 의식 없이 나를 아들처럼 때로는 친구처럼 대하신다. 윤소정 선생님의 대사 암기력을 보고 깜짝 놀랐던 것은 2016년 명동예술극장에서 연기하셨던 연극 〈어머니〉란 작품을 보고 난 후였다. 한 가족의 어머니인 주인공 안느로 분해 장장 백 분 동안 끝없이 말하고 소리치며 극을 이끄셨다. 그 많은 대사를 이어나가면서도 실수 한 번이 없었고 에너지와 열정이 넘쳤다. 내가 작품을 보고 선생님께 건넸던 첫마디는 "대사 외우시느라 힘드셨겠어요."였다. 선생님은 50년 연기 인생에서 가장 힘들었던 작품이었다고 말씀하시며 "비결이 뭐 있겠어? 하다 보니까 되는 거지."라고 하셨다. 그렇게 길고 장대한 대사도 몸과 입이 기억할 때까지 끝없는 연습과 반복으로 만들어낸 것이다.

## '외웠다'의 정의는 10번이다

2014년 처음으로 대학로에서 연극을 시작했다. 운 좋게도 연극에서 계속 주연을 맡았다. 극을 이끌다 보니 가장 힘들었던 것은 역시 대사 암기였다. 100분 정도 되는 연극의 거의 모든 장면에 나오기 때문에 외워야 할 분량이 많았다. 연습 때마다 연출님께 대사를 외우지 못해서 혼이 났다. 미처 몰랐지만 연기를 하면서 깨달은 것은 내 암기력이 그다지 좋지 않다는 사실이었다. 한 달 가까이 연습을 하면서 동료들은 대사는 물론 동선까지 다 외웠는데 가장 중요한 역할을 가진 내가 대사를 버벅거리고 있으니 연출로서는 답답했을 노릇이다.

희한하게 혼자서 읽으면 다 외웠다고 생각했던 대사도 막상 무대 위에 서면 기억이 나지 않았다. '난 왜 이렇게 멍청할까, 배우하겠다는 놈이 대사도 못 외워서 어떡해.'라는 자책감이 들었다. 며칠간을 왜 이렇게 대사가 안 외워질까 고민하고 고민한 끝에 나만의 해답을 찾아냈다. 외운 것이 아니라 외웠다고 '착각'했던 것이다.

혼자 연습할 때는 외웠지만 다음 날이 되면 기억이 흐릿해진다. 무대 위에 오르기 전까지 계속 반복해야 했던 것이다. 두세 번 입으로 해보고 '어? 되네? 이 정도면 충분해'라는 안일한 생각은 외웠다는 착각에 불과했다.

그때 나 스스로 암기의 정의를 '외웠다는 것은 10번 연속해서 틀리지 않고 말할 수 있는 것을 말한다.'라고 만들었다. 그리고 외웠다고 생각한 대사도 다시 10번씩 다시 반복해서 외우고 말해보았다. 중간에 틀리면 다시 외우고 연습하며 반드시 10번을 실수 없이 끝마쳐야 외웠다고 자신 있게 말할 수 있었다. 끊임없는 반복과 연습을 거치자 오디션이나 현장에서 대사로 NG를 내는 일은 거의 없어졌다. 심지어 올해 초에 촬영했던 영화 현장에서는 '원샷원킬러'라는 별명이 붙었다. NG 없이 한 번에 촬영을 끝내서 붙여진 별명이다.

나의 암기력이 좋지 않았던 것은 머리가 좋지 않아서도 외우기에 소질이 없어서도 아니었다. 그저 충분히 반복하지 않았기 때문이었다. 외워지지 않는다면 이유는 하나다. 외울 수 있을 만큼 충분히 반복하지 않았다는 것. 적어도 10번은 반복해야 한다. 내 몸속에 체화될 때까지.

# 미드 10번만 보면 회화가 술술

인생에 규칙이란 없다.
우리는 무언가 이루려 노력하고 있을 뿐이다.
- 토마스 A. 에디슨


## 끌리는 미드를 봐라

  미국 드라마를 본다고 하루아침에 영어를 잘하게 될 리는 없다. 미드를 보는 이유는 내가 모르는 회화 패턴과 문장을 배우기 위한 것이다. 영어가 들리지 않는다고 한글 자막을 켠 채로 보기만 한다면 한국 드라마를 보는 것과 다름없다. 말하는 내용이 80% 이상 들리지 않는데 무조건 자막 없이 계속 보는 것도 깨진 독에 물 붓기와 같다.

  또한 누가 시켜서 혹은 커리큘럼을 따라서 보는 미드는 동기부여를 약화시킨다. 특정 미드를 본다고 영어를 잘하게 되는 것은 아니다. 어떤 미드든 영어에 도움이 되지 않는 미드는 없다. 미드로 영어를 배우는 가장 큰 이유는 '재미' 때문이다. 드라마 안에는 서사가 있고 감정이 들어 있어 재미있다.

얼마 전 한 호텔 광고 촬영장에서 미국에서 온 레이첼을 만났다. 레이첼은 TV 프로그램인 〈서프라이즈〉와 각종 광고에 출연 중인 배우였다. 처음에 영어로 대화를 하다가 내가 외국에 고작 1년 있었다는 사실을 알고 그녀는 깜짝 놀랐다. 내가 재미교포인줄 알았단다. 영어 실력의 비결을 물어봐서 미드를 보며 문장 10개씩 따라 하며 외웠다고 했다. 레이첼은 한국에 온 지 3년째인데 생각만큼 한국어가 늘지 않아 고민이라고 했다. 그녀에게 좋아하는 한국 드라마를 물어보니 요즘은 〈태양의 후예〉를 보고 있다고 했다. 우리는 몇몇 극중 대사를 주고받으며 웃고 떠들었다. 나는 레이첼에게 드라마를 보며 하루에 문장 10개만 따라 하고 외워보라고 권했다. 몇 달 후 레이첼은 드라마를 보며 여주인공에 자신을 대입하고 상대방의 대사에 대답을 하는데 재미를 붙여 한국어가 늘고 있다며 나에게 고마워했다.

재미는 공부에 있어서 가장 강력한 동기부여다. 내가 좋아하는 것을 통해 공부하는 것이 최고의 효과를 얻을 수 있다.

## 모든 문장과 단어를 익히겠다는 욕심을 버려라

욕심을 가지면 힘들고 고통스럽다. 지나친 욕심은 포기를 부른다. 우리가 새해마다 똑같은 결심을 하고 마음먹고 산 문제집의 1단원만 닳아 있는 것은 이 때문이다.

영화 1편, 드라마 1편을 통째로 외우는 것도 좋지만, 초보자는 진이 빠질 수도 있다. 핵심 문장, 마음에 드는 문장만 골라서 외우고, 그 문장 패턴을 응용해서 스스로 영작하는 활동이 훨씬 더 도움이 될 것이다.

드라마 〈도깨비〉나 영화 〈곡성〉을 봤다고 모든 대사가 기억이 나는가? 그렇지 않다. "뭣이 중헌디." "너와 함께한 모든 시간이 눈부셨다. 날이 좋아서. 날이 좋지 않아서. 날이 적당해서. 모든 날이 좋았다." 같은 명대사만 기억에 남을 뿐이다. 미드 역시 그런 기억에 남는 대사들만 반복해서 말하고 외우면 된다. 나 역시 드라마나 영화를 보다가 명대사나 내가 몰랐던 패턴 부분이 나오면 그 대사만 반복해서 10번씩 따라하고 외운다. 재미있게 보다가 내가 모르는 문장 혹은 이 패턴을 사용하고 싶다는 생각이 들면 그 부분만 10번 반복하고 입으로 따라 하기도 한다. 큰 욕심을 버리고 드라마 한 편, 영화 한 편에서 딱 문장 10개만 10번씩 반복해서 내 것으로 만들어보자.

## 일상에 필요한 문장부터 외워라

2013년에 〈금 나와라 뚝딱!〉이라는 주말드라마에 출연한 적이 있다. 연출을 맡은 최은경 감독님은 특유의 센스 있는 감각과 대장부 못지않은 카리스마로 현장을 지휘하셨는데, 내가 처음 오디션을 보던 날 감독님께서는 이런 말씀을 하셨다.

"번영아, 너무 진지하고 심각해. 좀 더 밝고 가볍게 해봐. 우리 일상은 라이트하잖아?"

머리를 한 대 맞은 느낌이었다. 연기력을 드러내기 위해 무겁고 진지하게 소리 지르고 오열하는 연기를 선보이는 건 신인 배우들의 공통적인 실수다. 하지만 우리가 명배우라고 생각하는 송강호나 하정우, 조정석 배우들의 연기는 대체로 밝고 경쾌하며 일상적이다.

미드를 볼 때도 일상에서 많이 사용하는 문장에 집중해야 한다. 사람을 만나면 가장 먼저 인사하고 안부를 묻는다. 그리고 식사 여부나 날씨 이야기로 환기를 하고 가벼운 농담을 던진다. 일상을 살아가는 우리에게 필요한 영어는 대부분이 이런 것들이다. 스릴러나 범죄 영화에 나오는 전문 용어나 많이 사용하지 않는 문장보다 자주 등장하고 빈번하게 사용하는 문장에 집중해야 한다. 많이 쓰일수록 우리가 사용할 수 있는 문장과 단어일 확률이 높기 때문이다.

그런 의미로 나는 미드 중 〈70년대 쇼〉를 좋아했다. 〈70년대 쇼〉는 미국의 70년대 중반을 배경으로 하여 평범한 백인가정의 모습을 담고 있다. 나는 이 드라마를 통해 당시 미국인들이 즐겨 쓰는 단어, 70년대 음악과 문화에 담긴 미국 사람들의 언어형태를 파악할 수 있었다. 또한 〈에브리바디 헤이츠 크리스〉도 추천한다. 80년대 백인우월주의 사회에서 흑인 가정이 받는 억압과 차별을 코믹하게 그려낸 드라마이다. 가정에서 부모, 자녀, 형제끼리 사용하는 일상적인 영어가 들어 있어 많은 도움을 받았다.

# 하루 10분 영어 훈련

10분 후와 10년 후의 자신을
동시에 생각하라.
— 피터 드러커

## 10분, 결코 짧지 않다

우리는 흔히 10분이라는 시간을 짧고 하찮게 여긴다. 하지만 직접 경험해보면 사소한 10분의 힘에 놀라게 될 것이다.

나는 무언가를 하려고 마음먹었을 때 하루에 최소 한 시간은 해야 한다고 생각했다. 10분, 20분만 하면 뭐가 남겠어? 몇 시간은 해야지! 하지만 나의 실행력은 계획만큼 좋지 않았다. 하루의 한 시간 이상 무언가를 하기 위해 시간을 낸다는 것은 참으로 어려웠다.

그러던 어느 날 지하철에서 10분, 일어나자마자 10분, 화장실에서 10분 동안 오답 노트와 단어장을 보았는데 그 효과는 실로 놀라웠다. 10분 동안 문장 10개를 외울 수 있었고 단어 10개를 암기할 수 있었으며 오답 노트를 10번 반복할 수 있었다.

10분의 시간은 결코 짧지 않았다. 그 10분이 여섯 번 모이면 한 시간이 된다. 책상에 앉아 공부를 하거나 이 책을 쓸 때도 '10분만 하자'라는 마음으로 일단 시작하고 뒤돌아보면 두세 시간은 훌쩍 지나가 있고 열 시간 동안 집중한 적도 있었다. 결국 시작하기도 전에 거대한 목표가 어깨를 짓누르는 것이 문제였다. 무엇이든 시작하기는 힘들지만 작은 목표와 각오로 한 번 시작하고 나면 그 뒤는 수월해진다.

이중 주차된 차를 움직일 때 차가 움직이기 직전까지는 꽤 많은 힘이 필요하다. 하지만 차가 탄력을 받으면 손쉽게 움직이며 때로는 속도가 붙어 멈추는 데도 힘이 든다. 우리는 차의 시동을 걸기도 전에 '300km는 가야지'라고 생각하기에 차의 시동조차 걸지 못한다. 하지만 '1km만 갔다 오자'라는 마음으로 차의 시동을 걸고 움직이면 그 이상의 거리는 쉽게 다녀올 수 있다.

『연금술사』로 유명한 작가 파울로 코엘료는 책을 쓸 때 하루의 리듬을 중요하게 생각했다. 아침에 일어나 책을 쓰기 위해 자리에 앉아 이메일과 뉴스 검색 등 잡다한 일을 한다. 글 쓰는 일을 미루면서 "아니야, 나중에." 하며 다른 일을 한다. 그렇게 세 시간을 보내고 나면 '이제 세 시간을 허비했으니 내 자신에게 부끄럽지 않게 딱 30분만 글을 쓰자.'라고 생각하고 글쓰기를 시작한다. 이렇게 작은 목표로 시작한 30분은 지나고 나면 열 시간이 되어 있다고 한다.

## 취침 및 기상 전후 10분

나는 잠들기 전에 틀렸던 문제를 적은 오답 노트와 단어장을 본다. 자면서는 스마트폰으로 TED를 들으며 잔다. 자기 전의 청취는 수면 중 뇌의 무의식 안에 들어와 장기 기억으로 옮겨갈 확률이 높다. 아침에 일어나면 자면서 들었던 내용이 떠오르고 심지어는 영어로 꿈을 꾸기도 한다. 그리고 잘 때 들었던 TED를 복습해 본다. 어제 들었던 내용을 반복해서 보며 따라 한다. 내용이 머릿속에 박혀 있어 굉장히 수월해진다.

인간의 기억에는 망각곡선이라는 것이 있다. 학습 직후 10분부터 망각이 시작되고 한 시간 후에는 50%, 일주일 후에는 70%, 한 달 후에는 80%를 잊어버린다. 단어 백 개를 한 번에 외우려면 64번을 봐야 하지만 나눠서 보면 38번에 외울 수 있다. 한 번에 다하지 말고 나눠서 반복하는 횟수를 늘려라. 틈틈이 10분 동안 반복 학습을 하고 그로 인해 우리가 학습한 내용을 단기 기억에서 장기 기억으로 이동시키는 것이다.

## 이동할 때, 운동할 때 10분

이동 시간은 독서나 복습하기 좋은 시간이다. 지하철이나 버스를 타면 대부분의 사람들이 스마트폰에 빠져 있다. 물론 그중 몇몇은 스마트폰으로 공부를 하거나 독서를 하는 사람도 있지만 대부분이 '스좀비(스마트폰+좀비)'족이다. 고개를 푹 숙인 채 게임이나 SNS에 빠져 있다. 출퇴근 시간이나 이동 시간은 하루 최소 10분이 넘고 길게는 한 시간에서 두 시간까지 걸린다. 굉장히 많은 시간을 낭비하고 있다는 이야기다. 나는 이동 시간에 영어 단어장을 펴고 복습을 했다. 짧은 시간 반복해서 보면 지루하지도 않고 머릿속에 오래 남았다.

또한 나는 운동할 때 트레드밀 위에서 팟캐스트로 'Anderson Coopers 360'이라는 CNN 뉴스를 들었다. 보통 40분에서 한 시간 분량으로 유산소 운동 시간과 맞아서 좋았다. 운동을 하면 심장 박동 수가 올라가고 신체 균형이 맞춰지면서 뇌가 작동하기 시작한다. 운동이 뇌를 자극해 뇌 전체의 시스템을 활성화시키는 것이다. 몸을 움직이고 땀을 흘리니 혈액순환이 잘되고 내용이 귀에 쏙쏙 들어온다. 운동할 때는 CNN이나 BBC 같은 영어 뉴스와 팟캐스트 듣기를 추천한다.

학교를 가거나 직장에 갈 때 걸어서 이동하는 시간도 하루에 10분이 훌쩍 넘는다. 걸을 때는 책을 보거나 스마트폰을 보면 다칠 위험이 있어 무언가를 보기보다는 들으면서 말하는 공부를 하자. 나는 걸으면서 그날 외운 문장 열 개를 계속 소리 내면서 따라 했다.

또한 산책 시간도 유용하게 쓸 수 있다. 나의 스트레스 해소법은 산책이다. 매일 집 앞 산책로나 공원을 걸으며 생각을 정리한다. 특히 영어 공부를 하다가 어렵고 잘 외워지지 않는 부분이 있으면 꼭 산책을 한다. 대본 연습이 잘되지 않을 때도 산책을 하며 기분을 전환한다.

공부는 꼭 책상 앞에서 하는 것이 아니다. 환경을 계속 바꾸면 뇌가 지루함을 느끼지 않아 오히려 새로운 아이디어와 생각이 샘솟는다. 10분의 힘이 위대한 이유는 장소와 시간에 구애 받지 않고 매번 새로운 장소와 환경에서 공부할 수 있다는 점이다. 책상 앞에 앉아 있기 힘들다면 당장 자리를 박차고 책을 들고 공원으로 나가거나 분위기 좋은 카페에 가보자.

## 샤워할 때 10분

　나는 샤워할 때 기분 전환을 위해 힙합 음악을 틀고 따라 부르며 가상 대화를 한다. 상황을 설정해놓고 가상의 상대와 10분간 대화를 주고받는다. 대화를 하면서 막히거나 말하고 싶은 표현은 샤워 후 다시 찾아서 공부했다. 그렇게 매번 주제를 바꿔서 연습하다 보니 일상의 거의 모든 상황 안에서 회화가 가능해졌다.

　러시아 작가 도스토옙스키는 사형 바로 직전에 집행이 중지되어 극적으로 살아남았다. 그 후 그는 1분, 1초도 낭비하지 않고 무수한 대작들을 완성시켰다. 사형 집행 5분 전, 안중근 의사의 마지막 소원은 책을 읽는 것이었다. 그는 5분간 책을 읽고 형장의 이슬로 사라졌다. 그들에게 10분은 인생을 바꿀 수 있는 엄청난 시간이었다.

　나는 뜻밖에 생기는 1분을 헛되이 보내지 않도록, 언제나 작은 책을 가지고 다녔다. 일본 도쿄의 가미히라이 초등학교에서는 매일 아침 등교 후 8시 30분부터 10분간 모든 학생들이 독서하는 시간을 가진다. 규칙은 단 네 가지다. 다 같이 하기, 매일 하기, 좋아하는 책 읽기, 그리고 그냥 읽기. 원하는 책을 가져와 자유롭게 읽는 10분. 그것이 전부다. 이 학교는 16년간 독서 시간을 진행해왔는데 아이들이 독서를 하면서 집중력과 학습 성취도가 높아졌을 뿐만 아니라 독서 습관이 생겨 자발적으로 책을 읽게 되었다고 한다.

10분의 힘은 위대하다. 이렇게 조각 난 10분이 모여 한 시간이 되고 한 시간이 모여 두 시간이 되고 하루, 한 달, 일 년이 된다. 그렇게 단어 하나, 문장 하나가 차곡차곡 쌓이면 어느새 영어란 거대한 성을 완성시킬 수 있다. 영어뿐만 아니라 다른 모든 일도 결국 작은 것들이 하나하나 모여 큰 것을 이루어내는 일이라고 생각한다.

# 매일매일 키우는 영어 근육

하루 공부하지 않으면 이틀이 걸리고
이틀 공부하지 않으면 나흘이 걸린다.
1년을 하지 않으면 2년이 걸린다.
- 탈무드

## 영어에도 요요 현상이 있다

나는 군대에서 본격적으로 근육 운동을 시작했다. 쉬는 시간이면 동료들과 헬스장에 가서 역기를 들며 몸을 만들었다. 그렇게 한 시간 이상 땀을 흘리고 나면 몸도 단단해지고 뿌듯함에 기분도 좋았다. 그런데 이상하게 3박 4일의 휴가만 갔다 오면 몸이 예전 상태로 되돌아갔다. 나가서 친구들과 기름진 음식을 먹고 술잔을 기울이다 보면 100일간 공들여 만든 몸이 4일 만에 원상 복귀되는 것이 아닌가. 너무 억울하고 분했다. 몸을 만들기는 어렵지만 망가지는 것은 모래성이 무너지듯 한순간이었다. 그렇게 군대 안에서 몸만들기는 실패했고 제대 후 본격적으로 다시 몸만들기에 도전했다.

이번에는 매일 30분씩이라도 꾸준히 하겠다는 목표를 세웠다. 1년 동안 일주일에 5일을 조금씩 운동했더니 몸이 이전처럼 쉽게 망가지지 않았고 훨씬 좋아졌다. 이제는 하루라도 운동을 하지 않으면 몸이 찌뿌듯하고 무거워 견딜 수가 없다. 운동이 몸에 배어 습관이 된 것이다.

몸은 이전의 상태로 되돌아가려는 경향이 있다. 흔히 말하는 요요 현상이다. 요요 현상은 갑자기 바뀐 변화를 거부하며 원래의 익숙한 상태로 되돌아가는 관성의 성질이다. 습관처럼 하던 행동을 하지 않거나 운동을 매일 하다가 잠시만 쉬어도 이전 상태로 되돌아가려는 힘이 강해진다.

영어에도 요요 현상이 있다. 한 달간 벼락치기한 공부는 이틀이면 사라진다. 배우고 나서 복습하지 않는 사람은 씨를 뿌리고 나서 거두지 않는 사람과 같다. 의식적으로 반복하고 복습해야 한다. 복습을 통해 무엇을 이해했고 이해하지 못했는지를 구분해야 한다.

## SNS 습관을 영어 공부로 대체하라

『습관의 힘』이란 책에서 다음과 같은 내용이 나온다. 한 과학자가 원숭이를 대상으로 실험을 했다. 모니터에 별 모양이 나오면 원숭이는 손잡이를 돌리고 주스를 보상으로 얻는다. 보상을 얻기 전, 원숭이는 '주스를 얻어야 한다'는 열망을 가지게 되고, 열망이 생기면 주스를 얻기 전에 뇌에서 상상을 하기 시작한다. 이 과정이 몇 번 반복되면 이 상황에 익숙해져 쉽게 반복하게 된다. 이것이 습관화다.

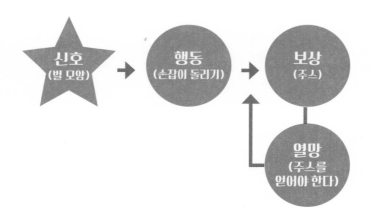

열망이 생기면 보상이 오기도 전에 이미 뇌는 기대하고 상상하기 시작한다. 습관을 고치려면 신호와 보상이 무엇인지 알아야 한

다. 신호와 보상은 그대로 둔 채 반복 행동만 바꾼다. 이를 대체 습관이라 한다.

나는 수시로 SNS를 보는 나쁜 습관을 영어 공부의 대체 습관으로 바꾸기로 결심했다. 신호는 '심심하다, 허전하다, 외롭다'라는 느낌이었고 보상은 '편안함, 기분 좋음'이었다. 나는 스마트폰에 영어 단어 어플과 CNN 어플을 다운받았다. SNS를 하는 대신 단어와 CNN 어플을 켜서 공부했다. 뿌듯함은 더욱 큰 보상이었다. 이런 식으로 우리의 현재 나쁜 습관의 반복 행동만 바꾸어 좋은 습관으로 대체할 수 있다.

좋은 습관을 만드는 법 역시 열망을 이용하는 것이다. 나는 일찍 일어나는 습관을 만들고 싶었다. 그래서 문제를 풀어야 끌 수 있는 알람 어플을 다운받았다. 문제는 수학, 영어, 과학 문제 등 다양했고 아침에 일어나 뇌를 가동시켜 문제를 풀지 않으면 시끄러운 알람을 끌 수 없었다. 그러나 나는 힘들게 알람을 끄고도 '10분만 누워 있어야지.'라는 생각으로 누웠다가 몇 시간을 더 자곤 했다. 결국 스스로에게 좌절하려 할 때 행동을 바꿨다. '그 자리에서 무조건 일어나 화장실로 가서 세수를 하자.'라는 행동으로. 세수 후에도 잠이 깨지 않으면 밖으로 나가 가볍게 산책을 했다. 그런 나에게 주는 보상은 시원한 커피였다. 반복 행동에 실패하면 커피를 마시지 않았다. 스스로에서 벌을 준 것이다. 따라서 나는 커피를 마시기 위해서라도 일어나야만 했다. 이렇게 신호와 반복 행동, 보상을 설정하고 커피를 마시고 더 알찬 삶을 살겠다는 열망을 이용해 좋은 습관 하나를 힘들게 만들 수 있었다.

나 역시 처음에는 습관을 바꾸는 것이 쉽지 않았다. 기존의 습관에 익숙해져 있기에 행동을 바꾸기가 여간 불편한 것이 아니다. 때로는 습관 요요 현상으로 다시 나쁜 습관으로 돌아갈 때도 있다. 우리의 몸은 변화를 거부한다.

그때마다 중요한 것은 끝까지 포기하지 않겠다는 믿음이다. 앞으로 더 나아질 거라는 믿음, 오늘보다 내일, 내일보다 모레, 조금씩 성장하고 있다는 믿음이 습관을 만드는 힘이다.

# 스마트폰으로 10분 영어 공부하기

## 1. 어플리케이션

짧막한 해외 유튜브 영상을 자막과 함께 반복해서 볼 수 있다. 자투리 시간에 공부할 때 도움이 된다.

다양한 영어 뉴스와 연설을 볼 수 있다. 특히 듣기 실력을 효과적으로 향상시킬 수 있다.

영어 공부를 할 때는 수시로 모르는 단어와 표현을 사전에서 찾아보는 연습이 필요하다.

| 산타토익 | 영작문 | 암기고래 |
|---|---|---|
|  |  |  |

· 산타토익 : 스마트폰으로 토익 문제를 수시로 풀 수 있고 나의 약점을 파악할 수
있다.
· 영작문 : 매일매일 간단한 문장으로 영작 연습을 할 수 있다
· 암기고래 : 기초부터 고급단어까지 수시로 반복할 수 있어 단어 암기하는 데 도
움이 된다.

## 2. 유튜브

| Michael Elliot | What the English |
|---|---|
|  |  |
| 데이브 The World of Dave | 올리버 쌤 |
|  |  |

· Michael Elliot : 원어민들이 사용하는 다양한 표현을 배울 수 있다

· What the English : 미드 10분 분량을 구간반복해서 들을 수 있으며, 짧은 분량을
쉽게 암기할 수 있다.

· 데이브 The World of Dave : 다양한 국적의 외국인들과 대화를 통해 나라별로 다
르게 사용하는 영어 형태와 발음 문화적 특성 등을 재밌게 배울 수 있다

· 올리버 쌤 : 미국인이 사용하는 본토 영어와 미국 문화를 배울 수 있다.

## 3. 페이스북

| 미드영어 | 마유영어 | 해커스톡 |
|---|---|---|

| 영화 보고 영어 공부 | 영어를 연습하자 |
|---|---|

- · 미드영어 : 짧은 미드 대사를 반복해서 들을 수 있다.
- · 마유영어 : 빈도 높은 표현과 패턴 위주로 매일 조금씩 공부할 수 있다.
- · 해커스톡 : 매일 다양한 일상 회화 표현을 배울 수 있다.
- · 영화 보고 영어 공부 : 영화에 나오는 영어 명대사들을 배울 수 있다.
- · 영어를 연습하자 : 영화에 나오는 장면에서 주고받는 대사 3문장씩을 배울 수 있다.

# 오답 노트는 나의 힘

실수와 착오가 일어나도 실망하지 말라.
자기의 실수를 깨닫는 것처럼 공부가 되는 것은 없다.
그것은 자신을 교육하는 가장 좋은 방법 중 하나이다.
- 칼라일

## 오답은 결국 정답이 된다

〈생활의 달인〉이라는 프로그램에서 열쇠 장인편을 본적이 있다. 40년간 열쇠를 만든 장인은 0.1mm의 오차도 없이 열쇠를 복제한다. 그의 사전에 열리지 않는 문이란 없다. 단골손님의 집 현관문이 안에서 잠긴 적이 있었는데 장인의 손길로 순식간에 해결됐다.

그런 장인에게도 어려운 시기가 닥쳐왔다. 바로 자동 잠금장치의 시대가 온 것이다. 이전에는 구멍에 열쇠를 넣어 문을 열었지만 이제는 지문이나 비밀번호, 카드로 열고 닫는 방식을 이용한다. 달인의 동료들과 주변 가게들은 새 시대의 도래에 적응하지 못하고 하나둘씩 문을 닫았다.

달인도 포기하려고 했으나 평생 해온 일을 포기할 수 없어 새로운 방식에 도전하고자 마음먹었다. 난생 처음 보는 자동 잠금장치의 도면을 펼쳐놓고 일일이 분석하고 조립을 시도했다. 열쇠 수리보다는 자동 잠금장치 수리 문의가 늘어났기에 그 원인과 해결 방법, 실패 과정을 노트에 정리하기 시작했다. 그렇게 해온 게 20여 년. 노트는 20권이 넘었고 그 노트는 달인만의 비법이 담긴 해결사가 되었다.

### 1. 오답 노트는 나의 약점을 파악할 수 있다.

내가 알고 있는 것과 모르는 것을 명확하게 알아야 한다. 그래야 남은 시간을 모르는 것에 집중해서 약점을 고치고 보완할 수 있다. 실력이 늘지 않는 이유는 메타인지(자기 파악)가 부족하기 때문이다. 나의 약점과 모르는 것, 틀린 것을 모아 내 것이 될 때까지 반복해야 한다.

### 2. 반복 학습할 수 있다.

오답 노트의 목적은 반복해서 보는 데 있다. 아무리 예쁘게 정리하고 만들어도 보지 않는다면 무용지물이다. 실제로 색색의 펜과 형광펜을 사용해 미술작품처럼 예쁘게 오답 노트를 정리해놓고도 들춰보지 않는 사람들이 있다. 예쁘지 않아도 되고 깔끔하지 않아도 된다. 나만 알아볼 수 있게 정리해놓고 자주 볼 수 있게 항상 가지고 다니는 것이 중요하다. 오답 노트는 남이 보기에 그럴듯할 필요가 전혀 없다. 오로지 나를 위한 나만의 노트가 되어야 한다.

### 3. 실수를 줄일 수 있다.

오답 노트는 나의 약점이 담긴 노트고 반복적으로 보면서 다음번에 같은 실수를 반복하지 않도록 하는 것이 목적이다. 한번 했던 실수를 반복하는 것만큼 뼈아픈 일은 없다. 알지만 깜빡했던 것, 헷갈렸던 것, 정확하게 알지 못했던 것들을 보면서 같은 실수를 되풀이하지 말자.

나의 오답 노트 사용법은 문제집, 번호, 문제, 정답, 이유, 그리고 내가 선택한 오답과 그것이 오답인 이유를 적고 그 오답을 선택하게 된 사고 과정까지 적었다. 오답 노트는 공부나 시험에 반드시 필요한 방법이다. 그 효과는 절대 무시할 수 없다.

나 역시 오답 노트의 큰 수혜자다. 오답 노트가 없었다면 토익

109. #by vs until
1. by : 1회성 행위의 완료(순간)을 나타내는 동사와 함께)
   ex) Tim should submit her report by tomorrow.
2. until : 지속적행위 (계속)을 나타내는 동사와 함께)
   ex) Chris will wait here until tomorrow.
→ Please note ~~that~~ any checks you deposit after
4p.m cannot be confirmed until the next business day
                                     by x

114. Collectibles 수집물(수집할 가치가 있는 것)
     renewals 갱신/기한연장
     quarantine 방역

     2016년 4월 강소영

101. If you have sent the mayor's office an e-mail, a representative
will respond within five business days.

     ✗ If + 주어 + 현재/현완 주어 + 미래(will/should/must(can))
                                    명령문
     entrants 신입
     subconsciously 무의식적으로      acceptable 받아들일수 있는
     judging from ~로 판단하건대 regression 퇴보/회귀

만점은 물론 영어 실력 향상도 없었을 것이다. 토익에 만점을 받을 수 있었던 것은 노트 한 권에 담긴 오답을 정리하고 분석하는 데서 나왔다고 생각한다.

정해진 형식도 없고 예쁘고 깔끔할 필요도 없다. 내가 알아볼 수 있게 간단하고 효율적으로 정리하자. 가장 중요한 것은 자주 볼 수 있게 작은 노트를 사용하고 언제 어디서나 들고 다니며 꺼내보는 것이다. 나는 손바닥만 한 노트를 사용했다. 작고 가벼워 언제 어디서든 보기 편리했다. 처음 오답 노트를 쓰면서 이 손바닥만 한 노트를 가득 채우면 토익 만점 받을 수 있겠지 생각했는데 정말 노트를 가득 채우고 나서야 토익 만점을 받았다. 오답 노트의 힘은 토르의 망치처럼 강력하다.

# 아홉 번 넘어지면 열 번 일어나라

한 번도 실패하지 않는다는 건
새로운 일을 전혀 시도하지 않는다는 신호다.
–우디 앨런

## 거절에 둔감해져라

중국계 이민자 지아 장은 서른 살에 회사를 설립했지만 투자를 거절당했고 힘든 시간을 보냈다. 너무 힘들어서 그 자리에서 다 포기하고 싶었다. 그때 문득 그런 생각이 들었다. 빌 게이츠라면 투자를 거절당했다고 이렇게 포기할까? 세상의 성공한 기업가들과 변화를 만들어내는 사람들이 이런 식으로 포기할까?

지아 장은 주저앉지 말고 더 좋은 리더, 더 좋은 사람이 되어야겠다고 생각했다. 그는 '100일 거절 프로젝트'를 시작했다. 매일 무언가에 일부러 거절당해 고통에 둔감해지는 것이다. 첫 번째 요청은 낯선 사람에게 백 달러 빌리기였다. 상대방은 "왜요? 무슨 일이죠?"라고 물었고 지아 장은 "죄송합니다." 하고 도망쳐버렸다. 상대방은 전혀 기분 나빠 보이지 않았다. 황당한 질문에 대해서만 궁금해 했다. 그는 상황을 설명할 수 있었지만 두려움에 도망친 것이다.

다음 날부터는 무슨 일이 있어도 도망치지 않기로 결심했고 그 다음 날에도 황당한 요청을 계속 했다. 이상한 것은 첫날 느꼈던 죽을 것 같은 두려움이 어느새 사라지고 거절을 받아들이기 시작했다는 것이다.

"살면서 거절당하거나 실패했을 때 도망치지 마세요. 받아들이면 선물이 될 수 있어요."

나도 수없이 실패하고 거절당하며 살아가고 있다. 토익 만점을 받기 위해 아홉 번 실패했고 내 책의 원고는 40군데 출판사로부터 퇴짜를 맞았으며 배우란 꿈을 이루기 위해 백 번 가까이 오디션에 실패했다.

나는 언제나 꿈이 있었고 이루고자 하는 꿈과 하고 싶은 일에 주저 없이 도전했다. 성공 여부와는 상관없이 순전히 하고 싶었기 때문에 행동으로 옮겼다. 처음에는 나도 실패와 거절이 두렵고 무서웠다. 내가 이것밖에 안 되는 놈인가 하는 자괴감도 들었고 자존감은 계속 떨어졌다. 하지만 그 누구도 실패하지 않고 매번 성공하는 사람은 없다는 걸 깨달았다.

## 실패는 성공으로 가는 과정 중 하나다

나의 10대와 20대 시절은 여유로움보단 어려움이 더 많았고 풍족할 때보다 가난할 때가 더 많았으며 성공보다 실패가 더 많았다. 하지만 지나간 시간에 후회가 남지 않는 것은 내가 원하는 목표에 도전했고 하고 싶은 것을 했기 때문이다. 이 세상에 실패를 좋아하는 사람은 없지만 실패를 이겨내는 사람은 있다. 실패가 성공 앞에 반드시 따라오는 과정이라면 거기에 굴복하지 말고 딛고 일어서야 한다.

tvN의 〈어쩌다 어른〉에 출연한 『대통령의 글쓰기』의 저자 강원국은 "잘 쓴 글은 없다. 잘 고쳐 쓴 글만 있다."고 말했다. 이 세상의 모든 초고는 쓰레기며 처음부터 훌륭한 초고는 없다고도 말했다. 이 책도 세상에 나오기까지 이백 번의 퇴고 과정을 거쳤다. 매일 일어나 노트북을 켜고 보고 고치고 보고 또 고치는 일이 일상이었다. 이 세상의 그 어떤 좋은 책도 단번에 완성되지 않는다.

영어 공부를 마음먹고 시작한 당신도 단번에 성공하지 못할 거라 장담한다. 지금까지 수없이 넘어졌고 앞으로도 더 넘어질지도 모른다. 하지만 결코 포기해서는 안 된다. 때로는 큰 벽에 막혀 앞으로 나가지 못하고 정체되어 있는 기분이 들거나 발전이 없는 것 같다는 두려움이 엄습할 때도 있을 것이다. 그러나 우리에게는 명확한 목표가 있고 그것을 이룰 자신감과 재능이 충분히 있다. 꿈과 목표가 클수록 어렵고 힘든 것은 당연하다. 그러한 역경과 실패를 이기고 목표를 이뤄야만 그 성취감이 더욱 크다.

실패를 위한 실패는 없다. 성공을 향해 가는 과정에서 잠깐 만나는 장애물이 있을 뿐이다. 아홉 번 넘어지면 어떠한가, 우리에게는 열 번째 기회가 기다리고 있다. 넘어지는 건 당연하다. 중요한건 다시 일어서는 것이다.

# 적중률 100%
# 토익 만점 노하우

# 영어 루저, 토익 만점 받은 비법

## 1. 반복해서 익숙해져라

　　10번 반복의 힘은 토익 같은 시험에서도 무서운 위력을 발휘한다. 시험은 내가 모르는 범위와 문제를 줄여나가는 싸움이다. 모르는 문법과 문장은 반복해서 익숙해지도록 만들어야 한다. 처음에는 "이거 무슨 소리냐." "이런 문장이 다 있나." 했던 것들도 반복해서 보면 점점 익숙해진다.

　　한 심리 실험에서 처음 보는 사람과 실험 대상자의 사진을 포토샵으로 변형한 후 실험 대상자에게 두 사진을 보여주고 호감도를 조사했다. 결과는 실험 대상자의 사진을 조작한 얼굴에 더 호감을 느꼈다. 우리는 매일 거울로 보는 자신의 얼굴에 익숙하고 길들여져 있기 때문이다. 그래서 나와 닮은 사람을 볼 때 호감도가 더 높아지는 것이다.

　　토익 공부를 시작했을 때, 처음 보는 단어와 해괴망측한 문법 그리고 혀로 팝핀 댄스를 추는 듯 한 듣기 발음이 무척 힘들었다. 하지만 포기하지 않고 토익 만점이란 목표를 향해 다가갈수록 낯설고 어려웠던 개념들이 점점 익숙해졌다. 토익 만점을 받은 마지막 시험에서는 토익 문제가 친근하게 느껴지고 어떤 문제가 나올지 예측하는 경지에 이르렀다. 이제는 너무 많이 봐서 익숙해진 친구 같은 문제의 패턴이었기 때문이다.

## 2. 기본서에 답이 있다

토익 기본서는 토익의 중심 뼈대이자 척추다. 기본서만 내 것으로 소화해도 토익 900점은 거뜬하다. 그래서 나는 RC와 LC 기본서는 열 번씩 봤다. 시험공부를 할 때 빠르게 반복하기 위해서 흔히 책을 단권으로 만든다. 책 한 권에 모든 개념과 모르는 것을 메모해서 시험 전까지 수시로 보기 위한 작업이다. 토익은 기본서에 모든 것이 담겨 있기 때문에 기본서를 중심으로 단권 작업을 했다. 처음 볼 때는 한 달이 걸렸지만 2번 볼 때는 15일, 3번 볼 때는 일주일이 걸렸다. 점점 속도가 붙었다. 기본서를 10번 반복하고 나자 기초 문법과 어휘가 쌓여 자신감이 붙었다.

여기서 주의할 점은 처음 볼 때 모든 걸 이해하고 넘어가려고 하면 안 된다는 점이다. 이해하기 어렵고 푸는데 오래 걸리는 문제는 체크하고 일단 넘어가라. 다음에 다시 보면 조금 더 쉬워지고 3번, 4번 반복하면 더욱 쉬워진다.

우리는 조바심에 더 나은 문제집을 찾거나 더 좋은 학원을 찾아 헤맨다. 사실 그 차이는 미미하고 시간 낭비일 뿐이다. 얼마나 디테일 하게 반복해서 보느냐에 승패가 달려 있다. 조바심을 버리고 묵묵하게 기본서를 반복하자. 뼈대가 탄탄해야 무너지지 않는 빌딩을 세울 수 있다.

## 3. 시험 전 리허설이 필요하다

기본서를 반복해서 기초가 어느 정도 탄탄해졌다면 실전 문제를 통해 문제 유형과 실전 감각을 키워야 한다. 나는 토익 만점을 받기까지 대략 40번 정도의 모의고사를 풀었다. 모의고사를 통해 시험 전 충분한 리허설을 한 것이다.

모의고사를 풀 때는 양에 집착하지 말자. '문제 1000개를 풀겠어.' '문제 2000개를 풀겠어.'라는 계획은 비효율적이다. 모의고사를 푸는 이유는 실제 시험처럼 제한된 시간 안에 빠르고 정확하게 문제를 풀고 약점을 파악하기 위함이다. 틀린 문제에 대한 충분한 되새김질 없이 무조건 문제만 많이 푸는 것은 비효율적이다.

또 실제 시험과 같은 환경에서 문제를 풀어야 한다. 흔히 집이나 도서관에서 모의고사를 풀면 시간제한 없이 문제를 풀거나 중간에 쉬는 시간을 가진다. 토익은 두 시간 동안 문제 200개를 쉬지 않고 풀어야 하는, 고도의 집중력이 필요한 시험이다. 따라서 실제 시험과 동일하게 시작 시간과 종료 시간을 설정하고 실제 시험장에서 시험을 보듯 문제를 풀어야 한다. 리허설을 많이 하면 실제 시험장에서 긴장도 덜 된다.

마지막으로 고득점을 원한다면 최악의 환경에서 연습해야 한다. 실제 시험을 볼 때는 다양한 변수가 존재한다. 처음 시험을 봤던 고사장은 의자가 낡아 계속 삐걱거려서 신경이 쓰였다. 한 번은 앞사람이 유달리 큰 한숨 소리를 내고 심지어 머리를 흔드는 일도 있었다. 시험 보는 두 시간 내내 신경이 쓰이고 방해가 됐다. 교실 밖 운동장에서 조기축구를 하거나 차 경적 소리가 울렸던 적도 있었다.

이처럼 실제 시험장에는 우리의 집중을 방해하는 다양한 변수들이 기다리고 있다. 조용하고 쾌적한 상태에서만 연습한다면 최악의 상황에서 집중력을 잃어버릴 수 있다. 공부의 신 강성태는 수능 전 연습을 위해 일부러 시끄러운 마트에서 모의고사를 풀었다고 한다. 나는 일부러 시끄러운 카페에서 모의고사를 풀고 LC를 들으며 연습했다. 최악을 대비한 연습은 어떤 환경에도 흔들리지 않는 강인한 집중력을 키워줄 것이다.

## 4. 어려운 문제와 개념은 10번 반복하라

토익은 내가 모르는 것과 실수를 줄이는 것의 싸움이라고 계속 강조했다. 사람마다 저마다의 약점이 있다. 나는 LC에서 호주 발음에 어려움을 겪었다. 미국과 영국 발음은 드라마와 영화를 통해 익숙해졌지만 호주 발음은 낯설고 생소했다. 영국 발음과 비슷하지만 무언가 달랐다. 영국 발음은 자음을 강하게, 모음을 길고 뚜렷하게 소리 낸다는 특징이 있다.

water  미국 발음 [워러]  영국 발음 [우오타]  호주 발음 [오타]
walk  미국 발음 [웍]  영국 발음 [우옥ㅋ]  호주 발음 [옥ㅋ]
wall  미국 발음 [워ㄹ]  영국 발음 [우올]  호주 발음 [오올]

호주 발음은 영국 발음과 거의 흡사하지만 빠르고 끝을 흐리며 비음이 많이 들어간다. 또한 'afternoon=arvo', 'definitely=devo', 'Australian=Aussie', 'chocolate=chockie'라고 말할 정도로 줄임말을 많이 사용한다.

나는 문제집에서 호주 발음만 따로 뽑아 10번씩 들으며 딕테이션과 쉐도잉을 병행했다. 그러자 비슷하게 들렸던 영국과 호주 발음이 구분되었다.

# 나만의 만점 컨디션 만드는 방법

## 1. 바이오리듬을 맞춰라.

보통 시험은 토요일이나 일요일 주말이다. 나는 시험 일주일 전부터 시험 모드에 들어갔다. 즉, 시험 시간인 10~12시에는 가장 맑은 정신이 될 수 있게 전날 밤 12시 이전에 취침을 하고 아침 7시에 기상을 해서 몸 상태를 시험에 맞췄다.

공신 강성태는 수능 시험 일주일 전부터 수능 시간표에 맞춰 하루 일과를 보냈다고 한다. 수능 시간에 최대한의 집중력을 발휘할 수 있게 몸과 리듬의 바이오리듬을 맞춘 것이다. 그는 심지어 학교에서 주는 급식 대신 일주일 내내 같은 식단의 도시락을 싸서 다녔다. 올림픽 선수들은 4년간 준비하면서 대회 당일에 최고의 몸 상태를 유지할 수 있게 컨디션을 만든다. 시험에 최적화된 바이오리듬을 맞추자.

## 2. 실전모의고사로 충분히 리허설 하라.

이제부터는 실전 모드다. 그동안에 공부했던 것을 실전에 적용하고 점검해보는 마무리 기간이다. 나는 일주일 전부터 매일 토익 시험을 보듯 시간을 맞춰 모의고사를 봤다. 그렇게 되면 총 여섯 번의 자체 토익 시험 리허설을 치르게 되고 당일의 긴장을 덜 수 있다. 토익 스피킹 시험 때도 전날에 다섯 개의 실전모의고사를 보며 충분히 리허설을 했다. 리허설이 시험이고 시험이 곧 리허설이 될 수 있도록 시험 보듯 리허설 하라.

## 3. 적절한 운동과 가벼운 식단.

운동은 몸과 뇌에 활력을 준다. 하루 30분 이상 유산소 운동을 해서 학습 효율을 향상시키자. 또한 식단은 위나 소화에 부담이 되지 않도록 탄수화물, 단백질, 지방, 섬유질을 골고루 섭취하여 컨디션을 유지해야 한다. 무리한 운동이나 부담스러운 식사는 몸에 부담을 줄 수 있으니 미리 신경 쓰자.

## 4. 마음을 비우자.

나는 시험 시작 전에 5분 정도 눈을 감고 명상을 하면서 마음을 비웠다. 이 과정은 잘해야겠다는 욕심을 버리고 긴장감을 떨쳐내고 지금까지 해온 대로만 하자고 스스로를 세뇌하여 보다 편안한 마음으로 시험에 임할 수 있게 해준다. 욕심은 금물이다.

# 토익 만점 실전 비법 - LC편

## 1. 파트1, 2는 딕테이션 하라.

파트 1과 2는 짧은 단문의 질문과 답이 나오는 문제로 순수한 듣기 문제다. 하지만 질문과 답이 단문이라 순식간에 지나가기 때문에 얕봐선 안 된다. 다른 부분에서 힌트를 얻을 수 있는 파트 3, 4와 달리 정확히 듣지 못하면 문제를 풀 수 없다.

먼저 질문을 듣고 우리말로 바로 이해하는 연습이 필요하다. 질문을 영어로 되뇌거나 따라 하는 방식은 이해 속도가 느려져 문제를 놓치게 된다. 딕테이션을 통해서 듣지 못했거나 헷갈리는 부분을 반복적으로 들으며 적어보자. 짧은 한 문장을 듣고 머릿속에 이미지가 떠오를 때까지 연습하면 파트 1, 2는 정복된다.

## 2. 파트 3, 4는 쉐도잉 하라.

쉐도잉shadowing은 '그림자'라는 뜻이다. 영어로 나오는 지문을 한 박자 뒤에서 쫓아가면서 따라 하는 것이다. 여기서 주의할 점은 절대로 스크립트를 따라 해서는 안 된다. 그것은 글을 보고 읽는 것에 불과하다. 먼저 이해되지 않는 부분은 스크립트로 이해한 후 스크립트를 덮고 순수하게 들리는 소리를 따라 해야 한다.

또 한 문장 전체를 쉐도잉 해야 한다. 들리는 단어, 단어마다 끊어서 따라 하면 들리는 소리에만 신경 쓰는 청력 테스트가 돼버린다. 한 문장 전체가 들릴 때까지 반복해서 듣고 따라 하라.

## 3. 문제와 보기를 스키밍 하라.

스키밍 skimming은 빠르게 훑기다. 특히 파트3, 4는 순수한 듣기 능력을 테스트하는 파트가 아니다. 듣기 문제, 보기와 읽기 문제이므로 미리 문제와 보기를 읽고 정확하게 이해한 상태에서 들어야 효과적이다. 디렉션이 나오는 30초 동안 해당 세 문제와 보기를 빠르게 읽고 우리말로 바꿔 머리로 이해하고 듣기를 시작한다.

여기서 주의해야 할 점은 듣기 대화와 지문이 다 끝나면 바로 다음 세트 문제의 스키밍으로 넘어가야 한다는 점이다. 대부분의 사람들이 해당 문제를 완벽하게 풀려고 시간을 지체하는데 다음 세트를 스키밍 하지 못하면 그때부터 스텝이 꼬이기 시작한다.

한 번에 듣지 못해서 이해되지 않는 문제는 틀린 문제라고 생각하고 과감히 다음으로 넘어가자. 토익은 문제 200개와의 싸움이다. 전체 오답 개수를 줄이려면 모르는 문제 하나는 포기해야 한다.

사소한 한 문제 때문에 전체의 밸런스를 무너뜨려서는 안 된다.

## 4. 영어를 우리말로, 우리말을 영어로 바꿔본다.

대부분의 사람들이 영어를 우리말로 듣고 이해하는 것에서 그친다. 편하기 때문이다. 우리말을 다시 영어로 바꾸는 것은 창의적인 활동이다. 창의적인 활동은 힘이 들고 피곤하다. 하지만 힘들게 공부할수록 효과는 극대화된다. 영어 지문을 우리말로 해석하는 것에 그치지 말고 반대로 우리말을 영어로 바꿔 말해보자. 자연스럽게 문장을 외울 수 있고 문장의 뉘앙스를 익힐 수 있다.

# 토익 만점 실전 비법 - RC편

## 1. 문법과 어휘력을 키워라.

980, 985점에서 내 발목을 잡았던 문제는 문법과 어휘였다. 더 높은 독해력을 키우기 위해서도 문법과 어휘력은 필수다. 나는 문법은 기본서를 반복해서 보고 어휘는 단어 암기장과 오답 노트를 이용해서 암기했다. 나중에는 실전모의고사를 반복해서 풀며 틀렸던 한두 개의 문법과 단어를 오답 노트에 적으며 만점을 향해 나아갔다. 명심하라. 토익 고득점은 문법과 단어가 중요하다. 모르는 것과 틀리는 것을 계속 보완하자.

## 2. 빈칸의 앞뒤를 주의 깊게 봐라.

문법·어휘·독해 문제 할 것 없이 모두 빈칸 앞뒤 문맥을 주의 깊게 살펴야 한다. 그 안에 힌트가 있다. 빈칸에 들어갈 내용이 앞뒤 문장과 자연스럽게 연결되어야 한다. 특히 파트 7의 장문 독해에서의 빈칸 문제는 빈칸 앞뒤 문장을 정확히 파악하자. 독해는 글을 잘 이해하고 문맥을 잘 파악하고 있는가를 묻는 것이다.

### 3. 문제를 먼저 읽고 지문을 읽는다.

파트 7에서 문제를 읽지 않고 바로 지문을 읽는 사람들이 있다. 나는 지문에 들어가기 전에 문제를 핵심어 위주로 표시하면서 훑어봤다. 많은 시간을 들여 완벽히 이해할 필요는 없다. 많아 봤자 3~5개 문제인 한 섹션에서 문제별로 무엇을 묻는지 핵심어만 동그라미로 표시하고 지문으로 들어갔다. 이는 LC에서의 전략과 같은 방법이다. LC에서 보기를 읽으며 무엇을 묻는지 들을 것을 알고 들어간 것처럼 파트 7에서도 묻는 내용을 파악하기 위해서 문제를 읽고 들어가는 것이 좋다. UFC 경기에서 상대가 누군지 알고 들어가는 것과 모르고 들어가는 것은 천지 차이다. 지피지기면 백전백승이라는 말이 괜히 있는 것이 아니다. 나를 알고 문제를 알면 백점 만점이다.

### 4. 패러프레이징 연습을 한다.

패러프레이징paraphrasing은 같은 뜻을 다른 문장으로 바꾸는 '표현 바꾸기'다. LC와 RC 모두에 등장하는 문제로 단어와 문장이 같은 뜻이지만 보기에는 다른 표현으로 제시돼 같은 뜻도 다양하게 표현하는 법을 알고 있어야 정답을 쉽게 고를 수 있다. 다음의 예를 보자.

reschedule the meeting

→ change an appointment time

take the visitors around the facility

→ give them a tour

assume the manager position

→ accept the promotion

이런 식으로 지문과 보기에서 같은 뜻을 다른 문장으로 표현해 출제된다. 앞에서 설명한 문장 10개 외우기 자체가 패러프레이징 연습에 도움이 된다. 한 문장을 다양한 패턴으로 바꿔보고 같은 뜻도 다른 표현으로 바꾸는 연습을 꾸준히 하면 회화는 물론 토익까지 잡을 수 있다.

# 토익 스피킹 만점 비법

### 1. 자신 있게 말하라.

자신감 있는 목소리 크기와 톤은 전달력에 필수 요소다. 시험관들도 녹음된 목소리를 듣고 평가하기 때문에 아무리 말하는 내용이 좋아도 목소리가 작거나 자신 없게 이야기하면 좋은 평가를 받을 수 없다. 내용이나 발음이 조금 부족해도 크고 자신 있게 말하는 연습을 하자.

### 2. 입과 얼굴 근육을 풀어라.

스피킹 시험은 종이에 쓰는 일반적인 시험과 달리 입으로 말하는 시험이다. 의식적으로 입을 크게 벌리고 정확하게 말하는 연습을 해야 한다. 시험 보기 전 대기 시간에 소리를 내어 목을 풀어주고, 입과 입술 주위 근육을 움직이며 이완시켜주자.

### 3. 실전모의고사로 리허설 하라.

토익 시험과 마찬가지로 시험 전날에는 실전처럼 가상 시험을 쳐보는 것이 좋다. 토익 스피킹은 토익과 달리 주어진 시간 안에 대답해야 하고 한 번 지나가면 다시 말하거나 고칠 수 없다. 따라서 많은 리허설은 필수다.

## 4. 녹음으로 약점을 파악하라.

나는 모의고사를 볼 때 핸드폰을 켜놓고 녹음을 했다. 녹음한 것을 들으면 실제로 내가 말했을 때보다 더 버벅거리거나 억양이 확실하지 않을 경우가 많았다. 녹음을 하면 좀 더 객관적으로 내 스피킹을 분석하고 파악할 수 있다. 많이 녹음하고 듣고 또 녹음하자.

## 5. 논리적으로 이야기하라.

토익 스피킹의 관건은 파트 5와 6이다. 파트 5는 문제 파악과 문제 해결 능력을 보고 파트 6은 자신의 의견과 그 의견에 대한 근거를 평가한다. 두 파트 모두 논리가 중요하다. 문제에 대한 해결책을 제시하고 그 해결책이 문제를 해결하는데 어떤 도움을 주는지 설득력 있게 설명해야 한다. 토익 스피킹 만점을 결정하는 가장 큰 요소는 발음도 억양도 말하는 양도 아닌 내용의 논리적인 구조다. 평소에 논리적으로 이야기하는 연습을 하자.

# 토익 문장 10개로 회사에서 살아남자

## 1. 토익의 목적

토익 시험의 목적은 무엇일까? 직장에서 영어로 원활하게 업무를 보기 위해서다. 영어로 외국인 사업 파트너와 전화하고 이메일로 미팅 약속을 잡고 계약을 성사시킬 때 유용하게 사용할 수 있다. 토익, 토익 스피킹 시험에서 필요한 문장 몇 개만 외워서 적용해도 영어로 유창하게 외국인 파트너와 이야기를 주고받을 수 있다.

토익은 비즈니스 영어다. 토익을 단순히 성적을 위한 시험으로만 아는 사람들은 토익 시험 점수를 얻고도 비즈니스 영어 책을 따로 사서 공부한다. 돈 낭비, 시간 낭비가 아닐 수 없다. 나는 언제나 현명한 소비자가 되고 싶은 사람이다. 마찬가지로 이 책을 읽고 있는 독자들도 이 책으로 인해 보다 현명한 소비를 하고 필요 없는 지출을 막을 수 있도록 돕고 싶다.

지금 당장 토익 책을 펴고 나에게 필요한 문장 10개만 골라서 외워보자. 영어는 시험을 위한 것이 아니라 실생활에서 사용하기 위한 것임을 잊지 말자.

## 2. 전화 영어 BEST 10

### 1) This is ~

This is Burnny speaking. 안녕하세요. 버니입니다.

This is Sandy from Google. 안녕하세요. 구글사의 샌디입니다.

This is BeonChang from Hyundai Motors. 안녕하세요. 현대자동차의 번창입니다.

### 2) May I speak to ~

May I speak to Mr. Kim? 김 사장님과 통화할 수 있을까요?

May I speak to someone in charge? 담당자와 통화할 수 있을까요?

May I speak to the manager? 관리자와 통화할 수 있을까요?

### 3) I'm calling to ~

I'm calling to make an appointment. 약속을 잡으려고 전화했습니다.

I'm calling to place an order. 주문하려고 전화했습니다.

I'm calling to ask about your promotional product. 홍보 제품에 대해 문의하려고 전화했습니다.

### 4) Can I leave a ~

Can I leave a message now? 제가 지금 메시지 남겨도 될까요?

Can I leave a message for him? 그에게 메시지 남겨도 될까요?

Can I leave a message if he's busy? 그분이 지금 바쁘면 메시지로 남겨도 될까요?

## 5) Could you tell me ~

Could you tell me your phone number? 전화번호 좀 알려주시겠어요?

Could you tell me about your product in detail? 당신 제품에 대해 좀 더 자세히 말씀해주시겠어요?

Could you tell me your email address? 당신의 이메일 좀 알려주시겠어요?

## 6) Could you repeat ~

Could you repeat what he said? 그가 뭐라고 말했는지 다시 말씀해주시겠어요?

Could you repeat that more slowly? 조금 더 천천히 다시 말씀해주시겠어요?

Could you repeat your name? 당신의 이름을 다시 한 번 말씀해주시겠어요?

## 7) I'll pick you up ~

I'll pick you up at the airport. 제가 공항으로 마중 나갈게요.

I'll pick you up tomorrow. 제가 내일 모시러 갈게요.

I'll pick you up on time. 제가 그 시간에 맞춰 나갈게요.

## 8) I'll give you a ride to ~ your home.

I'll give you a ride to your home. 제가 집까지 태워드릴게요.

I'll give her a ride to work. 제가 그녀를 직장까지 모셔드릴게요.

I'll give them a ride to the airport. 제가 그분들을 공항까지 태워드릴게요.

## 9) Nice to meet you ~

Nice to meet you in person. 직접 만나 뵙게 돼서 반갑습니다.

Nice to meet you Mr. Kim. 만나 뵙게 돼서 반갑습니다. 김 사장님.

Nice to meet you here in Korea. 이곳, 한국에서 만나니 반갑습니다.

## 10) Thank you for ~

Thank you for your call. 전화를 주셔서 감사드립니다.

Thank you for your order of our products. 우리 제품을 주문해주셔서 감사드립니다.

Thank you for your suggestions. 당신의 제안에 감사드립니다.

## 3. 이메일 영어 BEST 10

## 1) I'm emailing you to ~

I'm emailing you to express our interest in your company. 당신의 회사에 관심이 있어 이메일을 보냅니다.

I'm emailing you to ask for your help. 당신의 도움을 요청하고자 이메일을 보냅니다.

I'm emailing you to remind you of next meeting. 다음 미팅을 상기시켜 드리고자 이메일을 보냅니다.

## 2) I'm contacting you on ~

I'm contacting you on behalf of our company.
회사를 대표해서 연락드립니다.

I'm contacting you on behalf of our department.
우리 부서를 대표해서 연락드립니다.

I'm contacting you on behalf of this organization.

이 조직을 대표해서 연락드립니다.

## 3) I'd like to inquire about ~

I'd like to inquire about the cost estimate. 비용 견적을 문의하고 싶습니다.

I'd like to inquire about how much fees we gotta pay for. 우리가 수수료를 얼마나 지불해야 되는지 문의하고 싶습니다.

I'd like to inquire when our deal expires. 우리 거래가 언제 종료되는지 문의하고 싶습니다.

## 4) I'd like to propose ~

I'd like to propose holding a meeting. 미팅을 제안합니다.

I'd like to propose extending our partnership. 우리의 파트너십 연장을 제안합니다.

I'd like to propose that you participate in the conference. 당신이 회의에 참석할 것을 제안합니다.

## 5) I'd like to remind you ~

I'd like to remind you that we'll visit your branch next Friday. 우리가 다음 주 금요일 날 당신 지점에 방문할 것을 상기시켜드립니다.

I'd like to remind you to prepare for the meeting. 당신이 미팅을 준비할 것을 상기시켜드립니다.

I'd like to remind you that the delivery date is June 5. 배송 날짜가 6월 5일이라는 것을 다시 한 번 알려드립니다.

## 6) Please inform us ~

Please inform us about any changes. 변경 사항이 생기면 우리에게 알려주세요.

Please inform us immediately if the meeting is cancelled. 만약 미팅이 취소되면 우리에게 즉시 알려주세요.

Please inform us your special offer. 당신의 특별 제안을 우리에게 알려주세요.

## 7) I regret that ~

I regret that the order is being delayed. 주문이 지연돼서 유감입니다.

I regret that we can' provide you with the product that you want. 손님이 원하는 제품을 더 이상 제공해드릴 수 없어 유감입니다.

I regret that the meeting is canceled. 미팅이 취소되어 유감입니다.

## 8) Could you please send us ~

Could you please send us a receipt? 영수증 좀 보내주시겠어요?

Could you please send us the photos you have taken? 당신이 찍은 사진 좀 보내줄래요?

Could you please send us an email? 이메일 좀 보내줄래요?

## 9) Please feel free to contact me ~

Please feel free to contact me if you have any further questions. 추가적으로 궁금하신 사항이 생기면 연락주세요.

Please feel free to contact me whenever you want.

원하실 때 언제든지 자유롭게 연락주세요.

Please feel free to contact me if you want to make a reservation.

예약을 원하시면 연락주세요.

## 10) Please accept my apologies for~

Please accept my apologies for the inconvenience. 불편을 끼쳐드려 죄송합니다.

Please accept my apologies for the employee's carelessness. 직원의 부주의에 대해 사과드립니다.

Please accept my apologies for losing your belongings. 소지품을 분실하여 죄송합니다.

# 그 누구보다 영어가 절실한 당신에게

## '영어의 꽃'이 피는 시기는 사람마다 달라요

    토익 만점의 꿈을 이루고, 여러 학원과 개인 교습을 통해 영어 강사로 활동하게 된 후부터 많은 동료 배우와 친구, 학생들이 저에게 영어 잘하는 방법을 매일 같이 묻습니다. 그러면 저는 항상 그들에게 나름의 이유를 가지고 먼저 물어보는 질문이 두 가지 있습니다.

    "첫 번째 질문, 영어를 왜 잘하고 싶어요? 멋있어서? 돈 많이 벌려고? 좋은 대학 가려고?"

    영어를 공부하기에 앞서 '영어를 잘하고 싶은 구체적인 이유'가 있어야 합니다. 단순하고 추상적인 이유는 그만큼 동기가 약해서 중간에 쉽게 포기하게 되기 때문입니다.

"두 번째 질문, 영어를 얼마만큼 잘하고 싶어요? 토익 900점? 영어로 자기 소개하는 수준? 아님 통역이 가능한 정도?"

뚜렷한 목표는 내가 나아가야 할 구체적인 방향을 제시해주기 때문입니다. 토익 700점과 만점, 영어로 자기 소개하는 수준과 프레젠테이션 하는 수준의 차이는 각각 '하늘과 땅' 차이입니다. 목표가 높은 만큼 더 오랜 시간과 더 많은 땀을 필요로 하지요.

저는 여러분과 마찬가지로 영어가 본업이 아닙니다. 모두들 취업, 승진, 경력 등 저마다의 스펙을 위해서 영어라는 수단이 필요한 것처럼, 저도 배우란 꿈을 이루기 위해 영어를 시작했습니다. 그리고 영어를 통해 인생에 있어서 많은 교훈을 얻었어요. 지금보다 나은 영어 실력은 여러분의 앞으로의 인생에 큰 무기가 되어줄 것입니다.

이 책을 쓰면서 제가 영어에 미쳤던 이유, 마지막으로 도전하게 된 원동력에 대해 깊이 생각해보았습니다. 영어를 잘하고 싶은 '열망'과 영어를 잘해야만 하는 '간절함'이었습니다.

만약 제게 꿈이 없었고 힙합이란 문화에 빠지지 않았고 영화에 관심이 없었다면 영어를 잘하고자 하는 '열망'은 없었을 것입니다. 만약 부잣집에 태어나 별다른 노력 없이 살아갈 수 있었다면, 실패의 쓴맛을 보기도 전에 성공이란 열매의 달콤함을 맛보았다면 영어를 잘해야만 하는 '간절함'은 없었을 것입니다.

영어는 저에게 작지만 큰 꿈이었습니다. "난 안 돼." "평범한 내가 어떻게 하겠어."라고 생각했다면 도전도 없었을 것이고 수많은 실패에서의 깨달음도 없었을 것입니다. 영어를 공부하면서 삶에 적용할 수 있는 정말 중요한 사실을 깨달았습니다. 간절함과 열망을 가지고 끈기와 반복으로 지속하면 된다는 것을요.

저는 이 책을 출간하면서 저의 수많은 실패와 작은 성공 안에서 배운 사소한 것들을 다른 사람들과 나누고 싶었습니다. 이 책을 읽고 한 명의 독자라도 공감하고 성장할 수 있다면 그보다 더한 기쁨은 없을 거라 생각했습니다.

어찌 보면 저는 사람들의 마음을 움직이고 좋은 영향력을 끼치는 인간이 되고 싶었나 봅니다. 앞으로도 제가 하고자 하는 분야에서 조금이라도 세상에 쓸모 있는 사람이 되도록 애쓰겠습니다.

또한 영어의 끈을 놓지 않고 저의 이야기를 필요로 하는 곳이라면 어디든 찾아가 저의 이야기를 전해드리고 싶습니다. 저는 요즘 영어 외의 다른 외국어 공부에 재미를 붙여 '10문장 암기법'을 중국어에 적용시키고 있고, 이어서 일본어와 프랑스어 등 5개 국어 도전을 계획 중입니다. 이제 외국어는 저에게 공부가 아닌 '재미있는 도전'이 되어버렸습니다.

그리고 무엇보다 초심을 잃지 않고, 많은 사람들에게 좋은 연기로 감동을 주는 배우가 되겠습니다. 배우 김번영으로서 좋은 작품에서 여러분들을 찾아가겠습니다.

　수업을 하다 보면 토익 점수 때문에 취업에 계속 실패한다는 취업준비생, 영어로 말 한마디 내뱉을 수 없어 승진이 안 된다는 직장인, 영어 못하는 외국인으로 낙인찍힐까봐 걱정하는 유학 준비생 등 다들 저마다의 이유로 영어에 도전했다가 아픔과 상처를 갖게 된 사람들의 사연을 자주 듣습니다.

　영어를 공부하면서 때로는 지치고 힘들고 괴로울 때가 많을 겁니다. "왜 이렇게 안 늘지?" "언제쯤 원하는 목표를 이룰 수 있을까?" 슬럼프와 정체기가 찾아올 수도 있습니다.

　괜찮습니다. 다 지나가는 바람입니다. 그 무엇도 여러분의 꿈과 희망을 좌절시킬 수는 없습니다. 앞으로 계속 나가고 있다면 잘하고 있는 것입니다. 넘어지고, 남들보다 뒤처지고 있어도 괜찮습니다. 내가 끝내기 전까진 끝난 게 아니니까요. 저는 요즘 그런 생각을 합니다. 왜 나는 어릴 때부터 성공을 꿈꾸고 계획했는데 아직도 성공하지 못했을까? 꽃은 저마다 만개하는 시기가 다릅니다. 장미꽃과 매화가 똑같은 시기에 피어날 수는 없습니다. 때가 될 때까지 영양분을 먹고 자라나기 위해 애쓰면, 때가 되었을 때 저절로 꽃이 핍니다.

영어도 마찬가지 아닐까요? 사람마다 가지고 있는 재능, 자라온 환경이 다르기 때문에 '영어의 꽃'이 피는 시기는 저마다 조금씩 다를 수 있습니다. 우리가 해야 하는 것은 그 시기를 바라보며 묵묵히 앞으로 나아가는 것입니다. 힘들고 괴로워서 포기하고 좌절하지 마세요. 때가 되면 당신의 꽃은 피어납니다.

느리게 발전할 내일을 걱정하지 마세요. 어제와 같은 곳에 머물고 있는 오늘을 걱정하세요. 신은 여러분이 영어를 잘하느냐 못하느냐는 관심이 없지만 당신의 행복과 불행에는 관심을 가집니다. 영어를 통해 당신이 더 행복해졌으면 좋겠습니다.

## 책이 나올 수 있도록 도와준 고마운 사람들

꿈에도 생각지 않았던 출판을 목표로 잡았을 때 '내가 감히'라는 생각이 먼저 들었습니다. 책 읽기를 좋아했지만 책은 위대하고 특별한 능력을 가진 사람만이 쓰는 것이라고 생각했습니다. 하지만 제 삶의 발자취가 그러했듯 책 쓰기 역시 저의 도전 의식을 불러일으켰고 포기하지 않고 원고를 붙들고 계속해서 쓰고 또 쓰고 다시 썼습니다.

이 책이 나올 수 있도록 영감과 힘을 불어넣어주신 하나님 아버지께 영광을 돌립니다. 또한 물심양면으로 힘이 되어주고 책의 예시와 소재가 되어준 친구들과 동료 선후배 및 제자들, 세훈, 지훈, 제임스, 마이크, 알렉스, 레이첼, 규진, 재형, 수진, 더홍, 혜영, 주영, 재현, 상영, 용진. 여러분들이 없었다면 책을 완성할 수 없었을 것입니다. 영감과 가르침을 주신 유방직 선생님, 김은영 대표님, 허미경 원장님, 신영준, 고영성 작가님, 최은경 감독님, 김경환 보컬 트레이너님, 조성덕 교수님, 양성민 대표님, 박인선 연출가님, 장은연 감독님께도 감사의 말씀을 전합니다.

제 삶의 이유 어머니 이미희, 아버지 김지찬, 동생 번창이 그리고 부족한 내 곁에서 항상 힘이 돼준 아람이에게 감사를 전합니다.

아흔의 연세에도 여전히 제 곁에 있어 고마운 우리 할머니 박명수 여사님, 나라를 위해 목숨 바쳐 일하다 불의의 사고로 보훈병원에 계신 큰아버지 김지경 사랑합니다.

마지막으로 인사도 없이 너무나 갑작스럽게 세상을 떠나신 윤소정 선생님께 이 영광을 바칩니다.

무명배우, 10문장으로 영어 강사 되다

**1판 1쇄 발행** 2017년 9월 27일
**1판 2쇄 발행** 2018년 1월 15일

**지은이** 김번영
**펴낸이** 고병욱

**기획편집2실장** 장선희 **책임편집** 김소정 **기획편집** 양춘미 이새봄
**마케팅** 이일권 송만석 황호범 김재욱 김은지 양지은 **디자인** 공희 진미나 백은주 **외서기획** 엄정빈
**제작** 김기창 **관리** 주동은 조재언 신현민 **총무** 문준기 노재경 송민진

**펴낸곳** 청림출판(주) **등록** 제1989-000026호
**주소** 본사 06048 서울시 강남구 도산대로 33길 11 청림출판(주) (논현동 63)
　　　제2사옥 10881 경기도 파주시 회동길 173 청림아트스페이스 (문발동 518-6)

**전화** 02-546-4341 **팩스** 02-546-8053
**홈페이지** www.chungrim.com **이메일** life@chungrim.com
**블로그** blog.naver.com/chungrimlife **페이스북** www.facebook.com/chungrimlife

ⓒ 김번영, 2017
**ISBN** 978-89-352-1178-4 (03320)